대한민국
외식업 트렌드
Vol.2

도 방문하는 식당 여러 곳에서 책이 도움이 됐다는 인사도 많이 들었다. 실용서를 쓰는 연구자의 보람이 이럴 때보다 클 수는 없을 것이다.

작년 책의 좋은 반응에 용기를 내서 이번에 다시 두 번째 책을 마무리하고 있다. 집필의 방법론이나 큰 틀은 전년과 같다. '배달의민족'이 축적해온 앱 사용 관련 빅데이터와 각종 조사 결과를 바탕으로, 〈트렌드 코리아〉 시리즈를 쓰면서 쌓아온 트렌다이어리·환경스캐닝·전문가 인터뷰·타운워칭·해외 벤치마킹 등 저자들의 고유한 방법론을 사용했으며, 추가로 외식업 사장님과 소비자 FGD 등 트렌드 추적을 하면서 활용할 수 있는 모든 방법론을 전부 동원했다.

* * *

"외식업에 한정된 트렌드가 1년마다 한 번씩, 그렇게 빨리 바뀌겠느냐?"는 질문이 없지 않았다. 하지만 막상 조사해서 7개의 트렌드 키워드를 뽑아내고 나니, 우리도 깜짝 놀랄 만큼 또 새로운 변화들이 거리에 가득했다. 작년에 낸《대한민국 외식업 트렌드 Vol.1》의 연장선에 있는 키워드와 더불어, 또 무시할 수 없는 새로운 변화가 이 책에 많이 담겨있다.

그중 가장 중요하다고 여겨지는 것이 날이 갈수록 똑똑해지고 있는 소비자들의 변화다. 그냥 평점을 보는 것이 아니라 몇 건의 리뷰와 평가가 있는지 살피고, 리뷰를 별점이 낮은 순으로 읽어보며 소위 '알바 댓글'을 걸러낸다. "엄마랑", "오빠랑"이라는 검색어를 함께 넣어주며, 사람들이 진짜로 방문한 뒤 남긴 후기인지를 체크한다. 심지어는 가게의 상호·법인명·주소지 등을 체크하는 소비자도 있을 정도. 이에 맛집을 식별하는 소비자의 식별력識別力이 크게 높아졌다는 뜻에서, 한자만 살짝 바꾼 **'식별력食別力'** 트렌드라고 이름 지었다. 식별력은 다시 두 가지 형태로 나타난다. 첫 번째는 맛집을 판별해내는 능력(#맛식별)이고, 두 번째는 최대한 저렴한 가격인지를 판별하는 능력(#가격식별)이다.

코로나19 이후 소비 변화로 제일 먼저 손에 꼽을 수 있는 것은 역시 '해외여행' 열기다. 일본을 비롯한 세계 각국을 향해 사람들이 바다를 건너고 있고, TV와 유튜브에도 여행 프로그램이 차고 넘친다. 이러한 경향은 외식업에도 적지 않은 영향을 주고 있다. 마치 여행을 하듯 이국적인 식당을 방문하고, 특별한 지역 맛집을 찾아가는 것이다. 이처럼 지구를 여행하는 듯한 경험을 선사하는 요즘 소비자들의 한 끼 식사를 일컬어, ENA 채널의 인기 여행 예능 프로그램을 패러디하여 **'지구마블 한입여행'** 트렌드라 부르고자 한다. 이 키워드는 먼저 비행기를 타지 않고도 외국으로 나간 듯한 외식 경험을 하고자 하는 '#순간이동 현지 맛집'과, 국내에서 로컬 맛집을 어디든 찾아 떠나는 '#방방곡곡 국내 맛집' 트렌드로 나눌 수 있다.

다음 변화는 소비자들이 식생활로 건강을 챙기려는 경향성이 강해진다는 것이다. 사실 건강에 대한 관심 자체는 어제오늘의 일은 아니지만, 요즘 사람들의 음식을 통한 건강관리의 '방식'이 매우 특별해지고 있다. 이제 소비자들은 허용할 만한 일탈 수준을 마음속에 미리 정해놓고, 그 범위를 벗어나지 않도록 음식 섭취를 의식적으로 조절하면서 건강과 쾌락 사이를 넘나든다. 다시 말해서 자극적인 음식과 건강한 음식을 번갈아 먹으며 늘 중간값을 유지하고(#평균밸런스), 칼로리·카페인·단백질·비타민 등 모든 영양 성분의 섭취 총량을 정해놓고 이를 지키고자 관리한다(#총량밸런스). 이러한 트렌드를 건강과 맛의 균형을 맞춰나간다는 의미에서 **'푸드밸런스'**라 명명했다.

최근 각종 SNS를 통해 정보를 공유하는 것이 일반화되면서 생겨난 변화 중의 하나는, 업소 자체보다 가게 '사장님 개인'의 브랜드가 중요해지고 있다는 점이다. 사장님 스스로가 적극적으로 SNS를 비롯한 개인적 홍보에 나서면서 스스로 소비자들 사이에서 유명세를 누리게 되는 경우도 늘고 있고(#국민셀럽형 주인장), 본인이 SNS를 하지 않더라도 주변 지역과 소비자를 정확히 파악하고 그에 맞는 브랜딩을 추구하는 경우에도 고객들의 입소문을 탄다(#동네밀착형 주인장). 외식업계 소상공인의 작은 가게에도 브랜딩이 중요해지는 가운데, 주인장 개인의 개성이 곧 가게의 브랜딩이 되는 현상이 자주 관찰되고 있다. 이처럼 가게를 운영하는 사장님만의 철학, 그리고 이를 바탕으로 한 차별화된 서비스와 소통이 곧 가게의 브랜드로 작용하는 현상을 **'주인장 브랜딩'**이라고 지칭했다.

최근 외식 시장의 유행 주기는 점점 더 빨라지고 있다. 그동안 패션이나 전자 제품 영역에서 새로운 것은 항상 환영받았지만, 음식은 다소 예외였다. 입맛은 쉽게 변하지 않기에 늘 익숙한 음식과 식당이 한결같이 사랑받았던 것이다. 하지만 최근 소비자들은 먹는 일에서도 적극적으로 새로움을 구하고 있다. 이제 커다란 메가히트 상품이 장기적인 트렌드를 이끄는 패러다임에서 벗어나, 소비자들이 작은 유행들 사이를 넘나들면서 새로운 시도를 해보는 것 자체에 의의를 두는 식소비문화가 확산되고 있다. 이처럼 '새로운' 요소의 식품들이 짧게 짧게 화제를 만들어가면서 계속 변화하는 경향성을 **'이슈푸드'** 트렌드라고 개념화했다. 그렇다면 어떻게 새로운 이슈에 맞춰 시장의 흐름을 주도하는 메뉴나 상품을 만들어낼 수 있을까? 바로 기존의 음식에 작은 변주를 가미해 '진화'시켜 나가거나(#진화푸드), 전에 없던 새로운 시도를 통해 '반짝'이는 주목을 이끌어내는 것이다(#반짝푸드).

요즘에는 끼니 간의 격차가 크다. 그동안 식사의 차이는 다른 소비생활과 마찬가지로 '빈부격차貧富隔差'의 문제였는데, 최근 들어서는 부자든 빈자든, '빨리 대충 해결해야 하는 한 끼'와 '제대로 각 잡고 먹고 싶은 한 끼'를 확실하게 구분한다. 이제 외식 같은 집밥, 집밥 같은 외식이 서로 뒤섞이고, 그 사이로 배달이 뛰어들면서 현대인의 식생활에 집 안팎 공간을 기준으로 한 구분이 무색해졌다. 밖으로 나가서 집밥처럼 쉽고 편하게 한 끼를 해결하기도 하고, 집 안에서도 근사한 외식 같은 매력 있는 식사를 즐기기도 한다. 단순히 공간이 아닌, "이 한 끼의 목적이 무엇인가?"를 기준으로 식사가 구분되는 시대를 맞고 있는 것이다. 이처럼 식사의 목적에 따라 자신의 시간·돈·노력을 선택적으로 집중해서 사용하며, 그 결과 한 끼 한 끼의 차이가 큰 폭으로 넓어지는 트렌드를 **'식사격차'**라고 정의하고자 한다. 식사에 격차를 둘 때는 노력과 의미가 중요하다. 다시 말해서 일상식을 먹을 때는 시간과 비용을 최소화하고 싶어 하지만 (#NO력 식사), 이와 달리 의미 있는 특별한 식사라고 생각하면 시간·돈·노력을 들이는 것을 마다하지 않는다(#매력 식사).

일반적으로 소비 시장의 주축은 20대 초반에서 40대 후반까지다. 그런데 외식업에서 그동안 주목하지 않던 소비자층이 눈길을 사로잡고 있다. 10대와 50~60대이다. 용돈으로 생활하니 소비력이 크지 않을 거라고 여겨졌던 10대와 외식이나 배달보다는 집에서 해 먹는 밥을 선호할 것이라 짐작되던 50대 이상 소비자의 외식과 배달 비중이 높아지고 있다. 새로운 음식 도전에 거부감이 없고 자신의 입맛에 딱 맞는 음식을 주도적으로 정하는 활력 넘치는 '익사이팅exciting'한 10대teens, 그리고 젊은 세대 못지않게 유행하는 음식과 맛집에 민감하며 여유로운 시간과 경제력을 바탕으로 새로운 미식美食 경험을 추구하는 중년中年, 이들을 각각

'익사이틴'과 '미식중년'이라고 부르고자 한다. 영화나 드라마에서 주인공은 아니지만 장면 하나하나에 큰 영향력을 발휘하며 시선을 사로잡는 조연을 '신스틸러scene stealer'라고 하는데, 그동안 조연으로 치부됐지만 새로운 식문화를 만들어나가며 외식산업의 틈새에서 떠오르는 소비자인 익사이틴과 미식중년을 함께 **'식스틸러食+stealer'**라고 명명한다.

이렇게 추출된 7대 외식업 트렌드 키워드를 관통하는 흐름을 요약하면, 요즘 소비자들이 똑똑해지고, 자기 취향을 중요시하며, 선택과 집중을 강하게 하고 있다는 것이다. 식사를 간편하게 해결하고자 하는 사람이 늘었지만, 우리가 모든 끼니를 간편식이나 편의점 삼각김밥으로 때우는 것은 아니다. 두고두고 기억에 남을 근사한 식사에 대한 열망은 오히려 커졌다. 죽기 전에 꼭 해보고 싶은 일의 목록을 '버킷리스트Bucket List'라고 부른다. 외식에서도 마찬가지다. 언젠가는 꼭 가보고 싶은 식당이 있다면, 아무리 멀고, 오래 줄을 서고, 비용이 많이 든다 하더라도 어떻게든 방문하고야 만다. 맛집 탐방은 당연하고 해외 맛집과 길거리 음식까지 도전한다. 이런 현상을 버킷리스트에 빗대어 '먹킷리스트(먹다+버킷리스트)'라고 불러도 좋을 것이다. 그래서《대한민국 외식업 트렌드 Vol.2》의 부제를 요즘 사람들의 차별화되어 가는 '한 끼 욕망'을 표현하고자 **'나만의 먹킷리스트를 찾아서'**로 정했다.

* * *

"한 아이를 키우려면 온 마을이 필요하다"는 말처럼, 책 한 권이 나오는 데도 수많은 분들의 도움이 필요하다. 배달의민족의 전폭적인 지원과 자료 제공이 없었다면 책의 완성도가 크게 낮아졌을 것이다. 외식업 트렌드 키워드 도출과 책의 집필이 가능하도록 지원해주신 배달의민족 이국환 대표님과 직원 여러분에게 깊이 감사드린다. 또한 자료를 수집하는 과정에서 바쁜 시간을 쪼개어 설문과 인터뷰에 응해주신 외식 업계의 여러 사장님과 관련 전문가, 그리고 고객분들께도 진심 어린 감사의 뜻을 표한다. 마지막으로 책의 출간을 허락해주시고 까다로운 편집 작업에 최선을 다해주신 미래의창 성의현 대표님과 직원 여러분께도 감사드린다.

지난 책에서도 말씀드렸듯이, 이 시리즈는 우리나라의 외식업 트렌드를 가장 선명하게 이해할 수 있는 국내외의 여러 사례를 담고 있다. 물론 이러한 예시 중에 동네 음식점은 따라 하기 어려운 내용도 있을 것이다. 그럼에도 이처럼 다양한 사례를 소개하는 것은, 그로부터 여러 사장님 독자들이 "나도 실천할 수 있는 작은 힌트"를 하나라도 얻을 수 있길 바라기 때문이다. 그러한 취지에서 각 키워드의 마지막은 작은 음식점이 실천할 수 있는 구체적인 팁을 제안하고 있다. 부디 작은 아이디어가 큰 매출로 이어지기를 희망한다.

2024년 3월

대표저자 김난도

목차

KEYWORD 1

식별력

저녁 시간, 부부가 함께 비장한 표정으로 배달 앱을 켠다.

- 리뷰 2,083개에 별점 4.9야.
- 혹시 별점 낮은 순으로 봤어?
- 사장님 댓글로 다투고 계시네. 패스!
- 여기는 나쁘지 않은데 할인 쿠폰이 없다. 패스!
- 최신순으로 봐도 리뷰가 좋고 심지어 오늘 할인 쿠폰도 주네,
  여기로 하자!

마침내 '주문 완료' 버튼을 누른 부부는 오늘도 성공적인 한 끼가 될 것 같은 뿌듯함에 배달을 기다리는 시간마저 즐겁다.

세상에서 가장 어려운 질문,
"오늘 뭐 먹지?"
이 결정이 갈수록 어려워지고 있다. 선택지가 너무 많아진 탓이다. 아무리 선택이 어려워도 실패하지 않으려는 소비자의 노하우 또한 나날이 진화한다. 이제는 그냥 리뷰를 참조하는 데 그치지 않고, '리뷰는 얼마나 많이 달렸는지', '최신 리뷰도 괜찮은지', '별점 낮은 순으로 봤을 때 치명적인 단점이 없는지' 등 다양한 관점에서 리뷰를 분석하는 소비

자들이 등장한다. 배달 음식뿐만이 아니다. 외식에 나설 때도 거리에 늘어선 수많은 식당 중 어느 곳을 가볼지 결정하는 것이 여간 쉽지 않은 상황에서 소중한 한 끼를 위해서라면 최대한 정보를 수집하며 이를 꼼꼼히 비교하는 일이 당연해지고 있다.

정보 폭증의 시대지만 믿을 만한 정보는 찾기 더욱 어려워진 요즘이다. 가게도 깨끗해 보이고 음식이 맛있다는 후기도 많아 믿고 방문했는데, 별로인 경우도 허다하다. 복잡한 할인 프로모션들을 챙기지 못해 최저가 주문에 번번이 실패하기도 한다. 지인의 추천을 받아보기도 하고, SNS나 TV 프로그램에 소개된 장소를 찾아가 보기도 하고, 나름대로 검색해 선별도 해보지만 때때로 이러한 노력이 무색해질 만큼 실망스러운 경험을 마주하곤 한다. 하지만 실패는 성공의 어머니라 했던가? 실패의 경험이 쌓일수록 소비자의 '외식 노하우'는 꾸준히 업그레이드되고 있다.

자, 이제 만족스러운 끼니를 위해 최선의 판단을 내리려는 요즘 소비자의 다양한 노력을 살펴보자. 수많은 선택지를 따져보는 일은 때때로 피곤하지만, 그럼에도 불구하고 한 끼도 실패하고 싶지 않은 뜨거운 열정을 이길 순 없다. 광고의 홍수 속에서 맛과 가격에 대한 기대를 모두 충족시키는 식당을 선택하기 위한 자신만의 역량과 노하우가 중요해지고 있다. 이에 《대한민국 외식업 트렌드 Vol.2》에서는 한 끼도 실패하고 싶지 않은 소비자들의 꼼꼼한 판별력을 일컬어 '식食별력' 트렌드라 명명한다. 맛있는 식사를 더 저렴한 가격에 누리기 위해 각종 필살기를 선보이는 요즘 소비자에 대한 이야기다.

식별력은 크게 두 가지 형태로 나타난다. 첫째는 맛집을 판별해내는 능력이다. 나의 소중한 한 끼를 책임져 줄 진짜 맛집인지 아닌지를 각종 기준을 적용해 철두철미하게 검증한다. 둘째는 이 음식이 최대한 저렴한 가격인지를 판별하는 능력이다. 아는 만큼 더 저렴하게 먹을 수 있는 복잡한 시장 환경 속에서 적극적으로 할인 혜택을 챙긴다. 맛이면 맛, 가격이면 가격. 이 두 마리 토끼를 놓치지 않을, 분별력과 역량을 가진 새로운 소비자가 등장하고 있다. 이제부터 그들의 '식별력'을 하나씩 파헤쳐보자.

① 맛식별:
'찐'맛집을 찾아내는 능력

"제 인생 먹킷리스트 드디어 공유합니다!"

미쉐린 가이드나 블루리본 서베이같이 권위 있는 정보에 의존하는 것이 아니라, 나만의 '먹킷리스트'를 만들어 관리하는 소비자가 늘고 있다. 요즘 사람들은 마치 소원을 이뤄주는 드래곤볼을 모으듯 지도 앱에서 맛집들을 수집하며 세상에 하나뿐인 나만의 먹킷리스트를 만들어간다. 지도에 알록달록한 표시들로 빼곡히 저장된 맛집들은 보기만 해도 배부른 느낌을 선사하는데, 여기서 흥미로운 점은 평소 가보고 싶었던 유명 맛집이나 직접 방문했던 찐맛집도 저장하지만, 동시에 다시는 가고 싶지 않은 실패했던 식당들도 따로 표시해둔다는 점이다. 과거 실망한 경험이 있는 식당을 또 방문하는 비극을 미리 방지하려는 노하우라 할 수 있다.

혼자만 잘 먹으면 무슨 재미겠는가? 온라인 커뮤니티에서는 자신이 경험했던 최강 맛집들을 지도에 음식 종류별, 지역별로 저장해 공유하는 사람들도 늘어나고 있다. 해당 게시물의 댓글에는 "귀한 맛집 리스트를 공유해주셔서 감사하다", "인류애가 넘치는 게시물이다"라며 뜨거운 호응이 이어진다. 찐맛집을 발굴해내는 '맛식별'이 이제는 꽤 자랑할 만한 능력이 됐다.

찐리뷰를 골라내는 키워드부터 신뢰 100% 커뮤니티까지

맛집을 찾아내는 노하우가 꾸준히 진화하고 있다. 몇 년 전만 하더라도 포털사이트에서는 '강남역 맛집'과 같은 단순한 키워드로 검색이 이루어졌다. 그런데 최근에는 '내돈내산'이나 '솔직후기' 등의 키워드를 함께 넣는 것은 기본이고, 검색 결과도 추천순이 아닌 시간순으로 정렬하여 실제 방문한 사람들의 최신 후기만 걸러낸다.

빅데이터 분석 서비스 썸트렌드의 검색 추이를 살펴보면 실제로 내돈내산 키워드는 2021년 대비 2023년 검색량이 1.9배나 증가했는데, 이는 광고성 리뷰가 아닌 '찐리뷰'만 선

'내돈내산' 키워드 검색량 변화

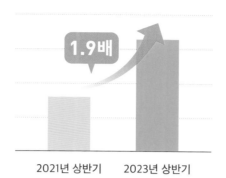

1.9배

2021년 상반기   2023년 상반기

출처: 썸트렌드some.co.kr

별하여 참고하려는 이유에서다. 최근 온라인에서 유행하는 '맛집 검색 꿀팁'들도 유사한 맥락이다. 예를 들어, "강릉 횟집 오빠랑"과 같이 '지역+오빠랑(혹은 남편이랑)'으로 검색하게 되면 개인 블로그 게시물이 많이 나오는데, 이런 일상적인 글에서 자주 등장하는 식당은 더 믿을 만하다는 식이다.

한편 맛있는 집을 찾는 것만큼이나 맛없는 집을 피하는 전략도 중요하다. 일례로 '믿거삼'이라는 신조어의 등장은 평점과 리뷰에 민감한 요즘 소비자의 모습을 보여주는 단적인 사례다. 믿거삼이란 '믿고 거르는 3점대 식당·카페'를 뜻한다. 식당을 정할 때 리뷰가 적거나 평점이 낮은 곳을 선택지에서 우선적으로 지우면 실패할 확률이 적다는 전략이다. 물론 개인의 평가는 상황·기분·환경 등에 따라 유동적으로 바뀔 수 있지만, 해당 식당을 잘 모르는 소비자 입장에서는 적은 노력으로 실패를 피할 수 있다는 점에서 효율적인 방법으로 여겨진다.

이처럼 맛식별에 진심인 사람들이 많아지면서 동네 기반 또는 취향 기반 커뮤니티를 활용하는 모습도 주목할 만하다. 동네 이웃이나 나와 비슷한 취향을 가진 사람들의 식당 추천은 더욱 믿음이 가기 때문이다. 인기 많은 동네 떡집의 대기 줄 상황이나 다코야키 트럭의 출몰 여부를 알려주는 동네 맘카페는 기본이고, 최근에는 특정 지역을 기반으로 한 카카오톡 오픈채팅방이 떠오르고 있다.

서울 성동구 성수동에 거주하며 맛집이나 생활 정보를 전하는 로컬 큐레이터 '제레박'은 '성수동 백과사전'이라는 이름의 카카오톡 오픈채팅방을 개설했다. 이곳에서는 성수동의 다양한 맛집을 상황별로 추천하는데, 인원수·관계(친구·연인)·선호 음식 등을 간략히 정리해 카톡을 보내면 사람들이 이와 어울리는 찐맛집을 추천해준다. 이 채팅방은 최대인원 1,500명을 순식간에 채워 채팅방을 추가로 개설할 정

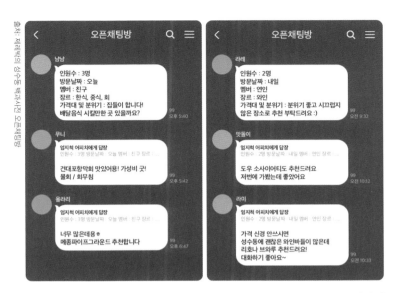

찐맛집을 추천하는 믿을 만한 정보원으로서 로컬 큐레이터
가 운영하는 오픈채팅방도 인기다.

도로 큰 호응을 얻었다.[1]

　이뿐만이 아니다. 아이돌 팬덤에서는 SNS에 내가 좋아하
는 연예인 이름을 붙인 해시태그로 맛집을 공유하기도 한다.
이를 '아이돌 먹시태그'라 하는데, 팬들이 직접 먹어보고 자
신이 좋아하는 아이돌에게 소개해주고 싶다는 마음으로 맛
집을 공유하기 때문에 신뢰도가 높다. 흥미로운 점은 자신
이 '찐팬'임을 인증하기 위해 음식과 함께 포토 카드를 찍어
SNS에 올리는데, 이 포토 카드가 광고성 후기와 진짜 후기

를 구별하는 식별 장치로 활용된다는 것이다. 참으로 다채로운 맛식별법이다.

진심과 근본은 통한다

소비자들이 이처럼 맛식별에 민감해지자 사장님들 역시 얼마나 맛에 진심인지 그 진정성을 알리기 위해 노력을 기울이고 있다. 이에 요즘 맛집 후기에서는 '사장님이 진심인 집'이라는 키워드가 돋보이며, 사장님의 철학을 손님에게 적극적으로 표현하는 식당이 늘어났다.

서울 성북구의 '서민스시'는 초밥에 진심인 사장님의 마인드와 더불어 가성비 맛집으로 알려진 곳이다. 매장에 들어가면 "6시간 준비, 6시간 영업. 판초밥 하나만 제대로 만들겠습니다!"라는 벽면의 문구가 시선을 끈다. 오전에 수급한 생선을 당일 숙성해 오후에는 매진시키는 것을 모토로, 사장님이 초밥에 진심임을 적극적으로 홍보하여 찐맛집으로 사랑받고 있다.

인천 중구 영종도에 본점을 두고 있는 '자연도소금빵'은 소금빵에 진심인 사장님이 세상에서 가장 맛있는 소금빵을 만들기 위해 100가지 재료 테스트와 1,000번의 구움 테스트를 거쳤다고 알려지며 유명해진 빵집이다. 하루 6번, 매일 정해진 시간에 갓 구운 빵을 판매한다. 일명 '빵친자('빵에 미친 자'라는 뜻의 신조어)'들은 해당 시간에 맞춰 가게에 방문할 것을 권장하는데, 특유의 맛과 풍미로 입소문이 퍼져 서울 성수동·익선동·신사동 등에 지점을 추가로 열기도 했다. 이처럼 음식에 진심인 사장님들의 태도는 손님에게 진정성과 전문성을 전달하기에 충분하다.

진짜 맛집에 대한 관심은 '노포老鋪(대대로 내려오는 음식점)'로 이어지기도 하는데, 특히 최근 젊은 층 사이의 노포 유행은 외식업 시장에서 뜨거운 화두 중 하나다. 이들에게 노포는 일명 '근본 있는 맛집'으로 통한다. 경쟁이 치열한 국내 외식 시장에서 오랫동안 자리를 지켰다는 것은 그 자체로 대체 불가능한 맛집이라는 사실을 의미하기 때문이다. 특히 옛 골목의 모습을 고스란히 간직한 서울 종로구는 골목마다 숨어있는 노포 맛집을 찾는 재미로 젊은 세대들의 발길이 끊이지 않는다. 예를 들어 칼국수와 수육 맛집으로 60년 이상의 역사를 지닌 '대련집', 서울의 오래된 식당 중 하나인 '이문설렁탕' 등은 '찐노포 맛집'으로 불리는 대표 식당들이다. 세월을 짐작하게 하는 오래된 내부에도 불구하고 어르신

단골손님은 물론, 젊은 사람들까지 찾아와 남녀노소를 불문하고 큰 사랑을 받고 있다.

우리가 원하는 건 '검증된 맛집'뿐

이러한 변화를 반영하듯 최근 외식 관련 플랫폼에서도 다양한 시도를 선보이고 있다. 인스타그램에서 맛집 좀 검색해 봤다 하는 사람들은 한 번쯤 들어봤을 푸딘코는 단연 눈에 띄는 사례다. 푸딘코는 2021년 탄생한 SNS 기반의 맛집 검색 플랫폼으로, 뻔한 홍보성 리뷰에 질린 소비자들을 사로잡으며 출시되자마자 큰 사랑을 받았다.

이미 포화 상태였던 맛집 플랫폼 시장에서 두각을 나타낼 수 있었던 푸딘코만의 차별점은 무엇일까? 핵심은 맛집에 진심인 사람들이 작성한 생생한 체험기를 바탕으로 신뢰할 만한 맛집을 추천한다는 점이었다. 쩝쩝박사(음식에 대해 잘 아는 사람을 일컫는 신조어)들의 영혼이 담긴 엄청난 분량의 리뷰에는 구체적인 맛 표현은 물론이고 식당의 분위기나 직원들의 친절함까지 서술되어 있어 감탄을 자아낸다. '믿고 먹는 푸딘코'라는 별명이 붙을 정도로 큰 호응을 얻자, 최근 배달의민족은 'SNS 맛집'을 모아서 보여주는 큐레이션을 제공

차곡파티세리
서울 마포구 동교로 162 지도보기

차곡차곡 100% 핸드메이드 디저트

100% 손으로 만들어낸 정성이다. 알음알음 입소
더욱 유명해졌다. 답례품 선물로도 유명한데 합리적 가격에
수제 초콜릿을 만날 수 있다. 구성이 꽤 알차다. 초콜릿 맛은

모츠커피
서울 광진구 군자로3길 14 지도보기

피스타치오 크림을 입 안에 잔뜩 넣기

활화산이 터졌다. 피스타치오 크림 마그마가 내입
어온다. 여기는 건대입구역 부근에 있는 이탈리안 에스프레
소바다. 다양한 커피를 즐길 수 있다. 분위기는 약간 사이란

스코파 더 셰프
서울 강남구 도산대로89길 13 2층 지도보기

꾸덕한 소스가 밀물처럼 밀려온다

녹진한 크림소스가 와악하고 흘러내린다. 넓적한
림 위에 동동 떴다. 시중에서 보는 흔한 면이 아닌 쫄깃하니 파
스타다. 넓적한 면이 마치 튜브같다. 면을 뒤적이니 진한 트러

> 인스타그램의 '맛집 기록 계정'에서 출발한
> 앱 푸딘코는 유려한 필체로 개성 있는 맛 표
> 현을 선보이며 MZ세대를 사로잡았다.

하는 등 다양한 시도를 하고 있다.[2]

한편 맛집 검색의 전통 강자 '카카오맵'도 최근 지역별 식당을 다양한 기준으로 탐색하는 '트렌드 랭킹' 기능을 추가했다. 소비자가 상황에 따라 식당 정렬 기준을 바꾸어 선택할 수 있는 환경을 마련한 것이다. 예를 들어 핫플레이스를 찾고 싶다면 '검색순'으로, 많이 알려진 맛집이 궁금하다면 '공유순'으로, 방문 의사가 높은 맛집을 알고 싶다면 '길찾기 순'으로 정렬해 확인할 수 있다. 각자의 목적과 니즈에 맞는 최적화된 정보를 제공함으로써 소비자의 다채로운 식별력을 지원하고 있다.

검증된 맛집을 원하는 식문화의 등장은 콘텐츠에도 지각 변동을 가져오고 있다. 무조건 맛있게 먹기만 하면 조회 수가 보장되었던 '먹방 신드롬' 시기를 지나, 지금은 과장된 표현 없이 솔직하고 직설적인 화법으로 다양한 기준에서 맛집을 대신 판별해주는 콘텐츠가 사랑받고 있다. SNS에서 소문난 웨이팅 맛집들을 방문하며 솔직한 평가로 진짜를 찾아내는 tvN의 〈줄 서는 식당〉이나 "두 번 가야 진짜다"라는 메시지를 강조하며 현지 사람들이 두 번 이상 방문한 가게 중 찐맛집을 골라내는 콘셉트의 유튜브 예능 〈또간집〉 등이 대표적이다. 심지어 요즘 소비자는 이런 콘텐츠도 그냥 넋 놓고 시청하지 않는다. 예를 들어 요식 업계의 스타라고 할 수 있는 백종원 씨의 먹방 콘텐츠에 달린 시청자 댓글을 보면, "살짝 미소만 짓는 거 보니 애매한 맛인가 보다", "내가 먹어본 집 중 1등이라고 하는 것 보니 이건 찐맛집이다" 등 그의 반응에 따라 맛집의 진위를 디테일하게 판단한다. 이러한 반응별 맛집 구별법은 표로 정리되어 온라인 커뮤니티에 떠돌기까지 할 정도다.

백종원 반응 유형별 맛집 구별법

"오, 독특한데요?" ⇨ 맛없음	"참 묘한 맛이네요." ⇨ 맛없음	"회한한 맛이네요." ⇨ 맛없음	"맛있네요." ⇨ 보통
평가 없이 음식 설명만 한다. ⇨ 보통	"정말 맛있네요." ⇨ 먹을 만함	"매력 있구나" ⇨ 먹을 만함	살짝 미소 짓는다. ⇨ 애매한 맛
살짝 미소 지으며 맛있다고 한다. ⇨ 맛은 있지만 취향 아님	크게 웃으며 좋아한다. ⇨ 맛있음	"내가 먹어본 것 중 1등" ⇨ 맛집	"흐음흠(콧소리)" ⇨ 맛집
"하나 더 시킬걸." ⇨ 맛집	"곱빼기 시킬걸." ⇨ 맛집	맥주 하나 더 시킨다. ⇨ 맛집	"내가 하면 왜 이 맛이 안 나지?" ⇨ 진짜 맛있는 집
"거짓말 안 하고 맛있다." ⇨ 꼭 가봐야 할 집	주인장 불러서 인터뷰한다. ⇨ 꼭 가봐야 할 집	"천상의 맛이다!" ⇨ 무조건 가봐야 할 집	"조보아 씨!" ⇨ 옆집 누렁이 밥 (맛없음)

출처: 온라인 커뮤니티

② 가격식별: 적정가격을 찾아내는 능력

식별력의 두 번째 능력은 바로 저렴한 가격 대비 높은 만족도, 즉 가성비를 극대화하는 능력이다. 보통 식당에서 음식의 맛만큼이나 중요한 요소로 꼽히는 것이 바로 가격일 텐데, 최근 경기 불황의 장기화와 더불어 기록적인 고물가 시대를 맞이하면서 소비자에게 '가격식별'은 더욱 필수적인 능력으로 주목받고 있다. 일각에서는 점심값이 계속 인상된다는 의미에서 런치플레이션(런치+인플레이션)이라는 신조어까지 등장했다.

실제로 한국소비자원의 조사에 따르면 2024년 1월 서울에서 칼국수 한 그릇의 평균 가격이 처음으로 9,000원대를 넘어섰고, 삼겹살 1인분(200g 기준)은 대략 2만 원에 육박하는 등 외식 물가가 꾸준히 오르고 있다.[3] 일명 '공깃밥

2,000원 시대'를 살아가는 사람들이 가격식별에 더욱 주목
할 수밖에 없는 이유다.

구내식당 열풍과 저가 커피의 공세

고물가라고 해서 무조건 외식을 꺼린다고 생각하면 오산이
다. 식재료 가격 역시 인상된 탓에 장을 보고 집에서 해 먹
는 것도 여간 비싼 게 아니기 때문이다. 특히 1인 가구의 경
우 집밥보다 간단한 외식이 더 저렴할 수도 있다. 이러한 상
황 속에서 소비자들은 가능한 모든 수단과 방법을 동원하여
가성비를 쟁취하려 한다. 가령 점심시간에 결제한 건에 대해
서 할인해주는 카드를 사용하거나 5~10%의 인센티브를 제
공하는 지역 상품권을 미리 결제해두는 식이다.

　이처럼 가격식별에 뛰어드는 소비자가 증가하면서 이들
을 지원하는 앱들도 호황을 맞고 있다. 사용하지 않는 기프
티콘을 사고팔 수 있는 기프티콘 중고 거래 앱이 대표적이
다. 중고 거래를 통해 기프티콘을 구매하여 저렴한 가격에
커피를 마시는 소비자가 늘면서, 사용하지 않는 기프티콘을
10~30%가량 저렴하게 구매할 수 있는 '기프티스타', '팔라
고', '니콘내콘' 등 기프티콘 중고 거래 플랫폼 앱은 2023년

가파른 성장세를 보이는 기프티콘 중고 거래 앱들. 가격식별 트렌드의 열기를 엿볼 수 있다.

9월 기준 전년 대비 월간 활성 사용자 수MAU가 급성장한 것으로 나타났다.[4]

직장인들도 점심값 지출을 줄이기 위해 적극적인 행동에 나섰다. 대표적인 현상이 '구내식당 열풍'이다. 최근 직장인 커뮤니티 블라인드에는 자신이 근무하는 지역에 외부인 출입이 가능한 구내식당을 물색하는 글들이 올라오는데, 대표적으로 여의도 국회도서관이나 강남역 세무서 등이 인기다.

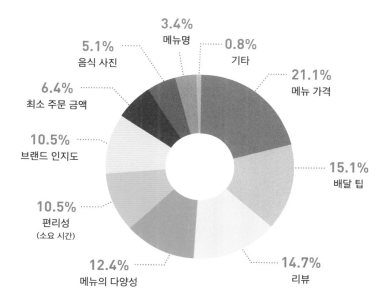

가게 선택 시 가장 많이 고려하는 요소

- 3.4% 메뉴명
- 0.8% 기타
- 5.1% 음식 사진
- 21.1% 메뉴 가격
- 6.4% 최소 주문 금액
- 10.5% 브랜드 인지도
- 15.1% 배달 팁
- 10.5% 편리성 (소요 시간)
- 14.7% 리뷰
- 12.4% 메뉴의 다양성

출처: 2022 국내외 외식트렌드 조사 보고서, 한국농수산식품유통공사

이런 구내식당들은 주변 식당보다 적게는 3,000원부터 많게는 5,000원까지 저렴한 편이라 점심시간만 되면 직장인들로 붐비곤 하는데, 상황이 이렇다 보니 서울 지역별 주요 구내식당들의 식단을 모아둔 '밥풀닷컴'이란 사이트도 생겨났다. 이러한 변화에 발맞춰 최근 오피스 밀집 지역에는 가성비 점심을 선보이는 식당도 등장했다.

서울 광화문의 한 치킨집은 점심시간이 되면 '가성비 뷔페식당'으로 변신한다. 저녁에는 본업인 치킨과 맥주 장사를 이어나가지만, 평일 오전 11시부터 오후 2시 사이에는 점심 뷔페를 운영하는 식이다. 여러 개의 치킨집 테이블을 길게 이어 붙이고 밥과 반찬을 줄지어 구성해두면 손님이 직접 먹고 싶은 만큼 덜어 먹는 방식으로, 식당 입구 입간판에는 매일 바뀌는 반찬 구성이 적혀있는데 광화문 인근 직장인들에게는 이미 소문난 밥집으로 알려져 있다.

가성비를 좇는 소비자가 늘면서 카페 업계에도 지각변동이 일고 있다. 국세통계포털에 따르면 국내 카페 매장이 10만 점포를 코앞에 둔 상황인데(2023년 8월 기준 9만 6,383개), 특히 고물가 상황이 지속되면서 '메가커피', '컴포즈커피', '빽다방' 등 저가 커피 프랜차이즈의 가맹점 수가 급증했다는 점이 주요한 배경으로 작용했다고 분석된다.[5] 한마디로 '가성비 커피 전성시대'가 펼쳐진 것이다. 소비자 데이터 분석 플랫폼 오픈서베이의 조사에 따르면 요즘 소비자들은 '스타벅스'와 '메가커피'를 많이 이용하는 것으로 나타났는데, 흥미로운 점은 스타벅스는 기프티콘을 사용하기 위해서 이용한다는 응답자가 42.2%로 1위를 차지한 반면, 메가커피는 가격이 저렴해서 이용한다는 응답자가 82.7%로 나타났다.[6] 이러한 결과는 소비자의 저가 커피에 대한 사랑을 짐작할 수 있는 대목이다. 비슷한 맥락에서 카페 이용을 동네 편의점으로 대체하는 소비자도 등장했다. 업계에 따르면 지난해 편의점 커피 매출은 평균 20~30% 상승했으며 디저트류는 최대 130% 성장한 것으로 나타났다.[7] 편의점에서 출시한 커피와 디저트의 품질이 전문점 못지않은 수준으로 올라가면서 이러한 경향성은 더욱 짙어지고 있다.

배달 앱 전성시대, 비교는 필수

배달 주문에서의 가격식별 노력도 뒤지지 않는다. 다양한 배달 플랫폼 활용에 익숙한 요즘 소비자들은 앱 안에서의 비교를 넘어 서로 다른 배달 앱을 넘나들며 '앱 간 비교multi-homing'를 즐긴다. 먼저 먹고 싶은 메뉴를 선택하고 나면, 동일한 하나의 가게도 여러 배달 플랫폼에 등록되어 있기 때문에 최소 두 곳 이상의 플랫폼에서 메뉴 가격과 배달료를 합한 총액을 비교해본다. 그뿐만 아니라 같은 가격이라 하더라도 쿠폰 혜택 조건이 무엇인지, 리뷰 이벤트는 따로 없는지 놓치지 않고 체크한다. 이처럼 앱 간 가격 비교에 진심인 소비자를 지원하는 새로운 플랫폼도 등장했다. '고픈'은 각종 배달 플랫폼에서 진행 중인 치킨 할인을 브랜드 단위로 모아 비교해주는 모바일 앱으로, 치킨 먹기 전 한 번만 확인하면 오늘의 최저가로 치킨을 먹을 수 있다는 소문에 등장하자마자 화제가 된 바 있다. 심지어 특정 브랜드의 치킨을 먹으려 하다가도 다른 브랜드의 치킨이 할인 폭이 더 크다면, 입맛을 그에 다시 맞추는 가성비에 진심인 소비자에게는 안성맞춤인 서비스라 할 수 있다.

배달료 역시 가격식별의 주된 타깃이다. 최근 배달의민족이 실시한 조사에 따르면 '가게 선택을 결정하는 요소는 무엇인가요?'라는 질문에 '배달 팁'이라고 대답한 응답자가 71%로 압도적으로 많았는데, 이는 배달료를 아까워하는 손님들이 그만큼 많음을 의미한다. 그렇다면 식별력 높은 소비자들은 배달료에 어떻게 대응할까? 바로 자신이 처한 상황과 오늘 시킨 메뉴에 따라 배달 방식을 취사선택하는 고도의 전략을 취한다. 예를 들어 냉면과 같이 오랜 시간 지체되면 맛이 떨어지는 음식은 배달료를 조금 더 내더라도 빠른 배달인 '단건 배달'을 선택하고, 야식으로 먹는 회나 간식으로 먹는 디저트를 주문했다면 상대적으로 배달 시간이 더 걸리지

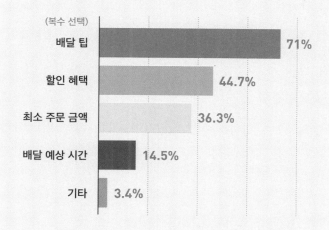

가게 리스트 화면 중
'가게 선택'을 결정하는 요소

(복수 선택)

- 배달 팁 — 71%
- 할인 혜택 — 44.7%
- 최소 주문 금액 — 36.3%
- 배달 예상 시간 — 14.5%
- 기타 — 3.4%

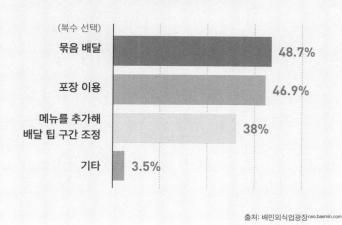

합리적인 배달 팁을
찾기 위해 시도하는 방법

(복수 선택)

- 묶음 배달 — 48.7%
- 포장 이용 — 46.9%
- 메뉴를 추가해 배달 팁 구간 조정 — 38%
- 기타 — 3.5%

출처: 배민외식업광장ceo.baemin.com

만 저렴한 '묶음 배달(배달 동선이 비슷한 주문 건을 묶어서 가는 배달)'을 선택하고, 퇴근길이나 하굣길처럼 이동 동선에 위치하거나 가까운 가게는 배달보다는 '포장'을 택하는 식이다.

이처럼 다양한 선택지는 소비자의 만족도에 긍정적인 영향을 미칠 수 있는데, 실제로 숙명여자대학교 연구 팀과 여론조사 기관의 조사에 따르면 묶음 배달이 단건 배달 대비 평균 1,361원 저렴하지만 배달 시간의 차이는 평균 7분에 불과해 고객 만족도가 높은 것으로 나타나기도 했다.[8]

가격에 민감해진 소비자를 사로잡는 Tip

가격 민감도가 높아진 소비자의 변화에 발 빠르게 대처한 식당들도 눈에 띈다. 식사와 디저트를 한 번에 해결하는 배달 음식점이 대표적이다. 소비자 입장에서 식사와 디저트를 함께 주문하면 배달료를 두 번에 나눠 내지 않아도 되는 것은 물론이고, 배달 최소 주문 금액을 넘기기 위해 불필요한 메뉴를 추가하지 않아도 된다는 장점이 있다. 일례로, 디저트 카페 프랜차이즈 '카페그리닝'은 "식사부터 디저트까지 한 번에 해결한다"는 콘셉트로, 커피만 파는 커피숍이 아닌 식사가 되는 샌드위치, 볶음밥, 떡볶이 등 수많은 메뉴를 판매하는 매장이다. 카페그리닝을 운영하는 지알엔푸드코리아의 김효진 대표는 "3대 영양소인 탄수화물·단백질·지방을 골고루 섭취하도록 메뉴를 구성하고 있다"며, 카테고리를 다양하게 구성해 언제든 주문이 들어올 수 있는 메뉴 포트폴리오 다양화에 힘쓰고 있다고 밝혔는데, 합리적인 가격대와 다양한 메뉴로 젊은 층을 중심으로 호응을 얻고 있다.[9]

　이처럼 가성비에 민감한 소비자가 많아지자, 이들의 가격식별을 도와주려는 노력도 눈에 띈다. 소비자가 직접 검색하지 않아도 직관적으로 혜택을 확인할 수 있도록 요일별, 주별 할인 정보를 캘린더 형태로 제공해주는 브랜드가 증가하는 추세다. 예를 들어 글로벌 티 음료 프랜차이즈 '공차'는 브랜드 내에서 배달 앱 할인 행사들을 모두 정리한 '프로모션 캘린더'를 공개한 바 있다. 배달의민족은 1주 차, 요기요는 4주 차와 같이 할인 정보를 보기 쉽게 달력에 정리해준다. 치킨 프랜차이즈 '당치땡'도 마찬가지로 자사 홈페이지와 SNS를 통해 배달 앱 할인 행사를 달력에 정리한 이미지를 제공한다. 이러한 프로모션 캘린더는 고물가로 가격 비교에 힘쓰는 소비자의 가격식별을 오히려 정면으로 마주하고 이를 지원한다는 점에서 매력적일 수밖에 없다.

실패 없이 진짜 맛집을 찾는
나만의 기준을 갖추다

맛있는 한 끼를 먹고 싶은 마음, 그것도 저렴하고 알뜰하게 끼니를 챙기고 싶은 마음은 최근에야 등장한 새로운 현상이 아니다. 어쩌면 너무나 당연한 인간의 욕구라 할 수 있다. 그럼에도 불구하고, 요즘 소비자들이 보이는 맛식별과 가격식별은 다소 과도하다 싶을 정도로 낯설게 느껴진다. 나만의 다양한 노하우로 꼼꼼하게 식당을 비교하는 식별력 트렌드가 부상한 이유는 무엇일까?

우선, 정보의 홍수로 인해 선택의 난도가 크게 높아졌다는 점을 꼽을 수 있다. 최근 배달의민족이 실시한 설문 조사에 따르면, 외식 장소를 선택할 때 '고객 리뷰와 SNS 후기'를 참고한다고 답한 응답자가 45.7%로 가장 많았다. 이처럼 식사 전 반드시 리뷰를 찾아보는 습관이 일상화되면서 온라

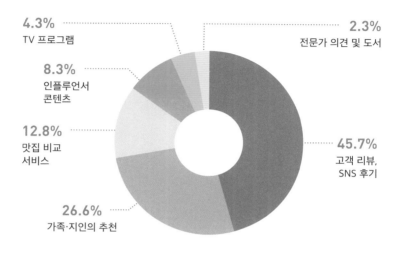

가게 선택 시
정보를 참고하는 채널의 종류

4.3%
TV 프로그램

2.3%
전문가 의견 및 도서

8.3%
인플루언서
콘텐츠

12.8%
맛집 비교
서비스

45.7%
고객 리뷰,
SNS 후기

26.6%
가족·지인의 추천

출처: 배민외식업광장ceo.baemin.com

인 내에 광고성 글도 덩달아 급증하였고, 결국 SNS 후기와
현실 경험 간의 간극이 벌어지기 시작했다. 누구나 한 번쯤
SNS에서 유행하는 맛집에 높은 기대를 안고 방문했다가 실
망한 경험이 있을 것이다. 이처럼 사실과 다르거나 지나치게
과장된 리뷰로 소비자를 오도하는 경우가 빈번히 발생하면
서 소비자들은 정보의 홍수 속에서 마치 옥석을 가리듯 자
신만의 기준을 정립하여 진짜와 가짜를 구분하는 정보 판별

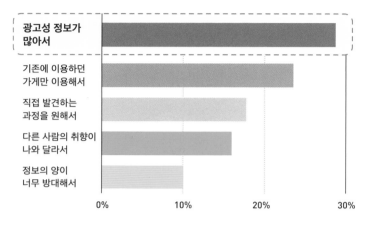

가게 선택 시
외부 정보를 참고하지 않는 이유

광고성 정보가
많아서

기존에 이용하던
가게만 이용해서

직접 발견하는
과정을 원해서

다른 사람의 취향이
나와 달라서

정보의 양이
너무 방대해서

0%   10%   20%   30%

출처: 배민외식업광장ceo.baemin.com

역량을 갖추기 시작했는데, 이것이 곧 식별력으로 진화하는 결과를 낳았다.

고물가 시대, 실패로 인한 기회비용은 금물

다음으로, 물가 상승으로 인해 실패에 드는 기회비용이 커진 점도 식별력의 주된 배경이다. 전례 없던 인플레이션을 마주한 사람들은 자신이 잘못된 선택을 하는 순간 잃게 되는 비용이 커졌음을 인지하며 꼼꼼한 가격 비교에 더욱 힘쓰기 시작했다. 더군다나 최근 기업들은 같은 상품이라 할지라도 언제, 어디서, 누가, 어떻게 사느냐에 따라 가격이 천차만별로 달라지는 '버라이어티 가격전략'을 선보이고 있는데, 이러한 상황 속에서 소비자는 자신이 선택할 수 있는 다양한 경우의 수를 놓치지 않고 신중히 판별하게 된 것이다.

무엇보다도 젊은 소비자들의 전략적인 소비성향에 주목해야 한다. 흔히 젊은 세대의 소비를 '욜로YOLO'와 '플렉스flex' 같은 키워드로 강조하곤 하지만, 사실 이들은 그 어떤 세대보다도 합리적 소비를 추구한다. 앞서 소개했듯이 다수의 모바일 앱을 재빠르게 넘나들며 가격을 비교하는 것은 물론이고, 때로는 정형화된 소비 패턴에서 벗어나 생각지 못했던 창의적 방식으로 광고 글을 걸러내는 등 자신이 원하는 결과를 구해나간다. 이처럼 자본주의에 능하고 똑똑한 소비에 도가 튼 젊은 세대들은 외식 시장의 주축으로 성장하며 식별력 트렌드의 확산을 가속화하고 있다.

사장님을 위한
트렌드 활용 팁 ✦✦

더욱 정교하고 단호해지는 소비자의 선택에 대응하기 위해 사장님들은 '식별력' 트렌드를 어떻게 활용할 수 있을까?

자연스럽고 직관적인 메뉴 이미지

첫째, 음식의 맛을 진정성 있게 전달하는 직관적인 커뮤니케이션 전략에 주목해야 한다. 백문이 불여일견이라 했던가? 때로는 맛있어 보이는 한 장의 메뉴 이미지가 열 마디 말보다 더 효과적이다. 손님이 우리 매장의 진짜 맛을 시각적으로 인지할 수 있도록 이를 잘 묘사한 음식 사진을 선보여야 한다. 배달의민족의 데이터에 따르면 사진이 등록된 메뉴가 그렇지 않은 메뉴보다 클릭 수가 무려 4배나 높은 것으로 나타났다. 이처럼 메뉴 이미지는 음식의 구성과 양을 미리 파악하도록 도와줄 뿐 아니라, 음식의 매운 정도나 소스의 맛까지 상상하도록 만들어주는 매개체의 역할을 한다. 즉, 인위적 연출 없이 음식 그 자체를 잘 보여주는 메뉴 이미지는 고객의 결정에 큰 힘을 실어줄 수 있을 것이다.

리뷰 모니터링과 진심 어린 댓글은 필수

둘째, 리뷰와 평판을 관리하는 것 역시 피할 수 없는 숙명이 되고 있다. 배달의민족이 실시한 설문 조사에 따르면 무려 10명 중 9명의 고객이 주문할 가게를 결정하는 데 '리뷰'가 매우 큰 영향을 준다고 답했다. 이렇듯 식별력 시대에 리뷰

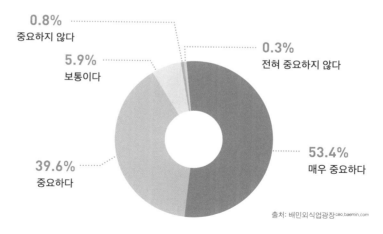

가게 결정 시 리뷰의 중요도

0.8% 중요하지 않다

5.9% 보통이다

0.3% 전혀 중요하지 않다

53.4% 매우 중요하다

39.6% 중요하다

출처: 배민외식업광장ceo.baemin.com

는 사람들이 가게를 방문하고 실제 주문에까지 이르게 하는 매우 중요한 요소임이 분명하다. 특히 배달 플랫폼에서의 리뷰 공간은 고객과의 유일한 접점이자 소통의 창구로 역할한다. 고객의 긍정적 리뷰에는 정성이 담긴 감사의 댓글을, 부정적 리뷰에는 노련한 대응과 빠른 반영을 선보인다면 우리 가게의 호감도를 더욱 높일 수 있을 것이다.

고객의 쩐니즈를 반영한 메뉴

마지막으로, 우리 식당을 자주 찾는 고객의 특성을 파악하고, 특히 이전보다 맛과 가격에 민감해진 고객들을 위한 메뉴와 가격을 제안해야 한다. 예를 들어, 치킨 프랜차이즈 '청년치킨'에서는 몇 해 전부터 비교적 저렴한 '반 마리 치킨'을 판매하기 시작했다. 특히 비싼 치킨값에 부담을 느끼는 손님들을 중심으로 사랑을 받은 이 메뉴는 현재 전체 매출의 30%를 차지할 정도로 효자 상품이 되었다.[10] 또한, 서울 강동구 천호동에 위치한 '대팔이네곱창'은 매장 고객이 아닌 배달 고객만을 위한 세트를 구성하여 큰 호응을 얻었다. 곱창이라는 메뉴 특성상 혼자 방문해서 먹기 어려운 고객들이 배달로나마 마음 편히 곱창을 즐기도록 한 것이다. 이처럼 고객의 니즈를 기반으로 만든 세트 메뉴는 가게의 매출을 높이는 필승 전략이 될 수 있다.

    손님들의 기준이 과거보다 더욱 까다로워졌다고들 한다. 이들의 기대치가 높아졌다는 것은 사장님에게 무조건 힘들기만 한 일일까? 꼭 그렇지만은 않다. 요즘 소비자들은 한 번이라도 자신의 기대에 부응한 식당에는 더욱 충성하는 경향이 있다. 그뿐만 아니라, 마치 식당의 영업 사원이 된 것처럼 자신의 만족 후기를 즉시 SNS에 올리기 때문에 예기치 못한 홍보 효과를 볼 수도 있다. 이처럼 손님들의 높아진 기대치만큼 사장님도 달콤한 성장을 맛볼 수 있다는 사실은 분명하다.

    자, 이제 잠깐 시간을 내어 우리 가게만의 '식별력 경쟁력'을 고민해보자. 식별력을 갖춘 소비자를 만족시키기 위한 사장님만의 해답이 필요한 때다. 무엇보다도 중요한 것은 기필코 실패를 피하려는 소비자의 마음을 이해하는 것이다. 요즘 소비자의 부쩍 높아진 식별력에 부합할 수 있는, 풍성한 만족감을 선사하는 매장이 되길 희망한다.

핵심 요약
식별력

🔍 맛식별

광고 없는 찐맛집, '내돈내산' 맛집에 열광하는 소비자가 폭증하는 추세다. 요즘 소비자들은 맛집을 골라내는 치밀한 기준을 세우고, 자신만의 노하우를 통해 마치 버킷리스트를 채우듯 식당에 방문한다. 여러 필터로 리뷰와 별점을 확인하는 일은 이제 기본이다. 특정 키워드가 포함되도록 2차 검색을 거듭하는 것은 물론, 아이돌 팬들의 해시태그와 SNS 기반 앱을 활용해 '진짜 맛집'을 선별하는 꼼꼼한 소비자가 늘고 있다.

🔍 가격식별

저렴한 가격 대비 높은 만족도를 주는 식당, 즉 '가성비가 좋은 식당'도 맛집의 새로운 기준이 됐다. 요즘 소비자들은 사용할 수 있는 모든 수단과 방법을 동원해 가성비 있는 한 끼를 쟁취한다. 서울 지역별 주요 구내식당들을 모아둔 웹사이트나 치킨 프랜차이즈별 할인율을 계산해주는 플랫폼이 등장한 것도 이러한 맥락에서다. 최근에는 식사 메뉴와 디저트 메뉴를 함께 판매하며 배달 고객에게 합리적인 선택지를 제공하는 식당들이 인기를 얻고 있다.

사장님! 이것만은 꼭!

☑ 내돈내산 손님 꼭 붙들기

과한 홍보에 힘쓰기보다는, '내돈내산'으로 방문하는 손님들에게 한층 정성을 쏟자. 이들이 작성한 자발적인 후기는 엄선된 찐리뷰가 되어 다른 고객들의 방문을 이끈다.

☑ 리뷰란을 통해 고객 경험 관리하기

리뷰란은 소통의 창! 노련하게 대응하고 빠르게 반영하여 우리 가게의 호감도를 높이자. 부정적인 리뷰가 있다면 이를 개선해나가는 모습을 통해 고객들에게 진정성을 어필할 수 있다.

☑ 메뉴와 가격, 끊임없이 연구하기

1인 손님이 많이 방문한다면 양과 가격이 모두 합리적인 1인용 메뉴를 개발하고, 배달 주문율이 높다면 배달 전용 메뉴를 추가하는 등 유연한 노력을 기울여보자. 그래야 자신의 선택이 합리적인지 계속 점검하는 요즘 고객들을 사로잡을 수 있다.

☑ 깔끔한 할인 공지로 '가격식별' 도와주기

할인 스케줄이 잡혔다면, 달력이나 표 형태로 깔끔히 공지하여 손님들의 편의성을 높여주자. 맛과 신뢰를 기반으로 가격을 고민하는 고객들을 위한 우리 가게만의 경쟁력이 되어줄 것이다.

KEYWORD 2

지구마블
한입여행

'일본에 가서 미들급 스시 먹기'

vs.

'비행깃값 아껴서 한국에서 하이엔드급 스시 먹기'

둘 가운데 무엇을 선택하겠는가? 물론 해외여행을 떠나보고 싶다는 사람도 많겠지만, 여러 여건상 외국행이 쉽지 않다면? 차선의 선택은 해외여행에서 누릴 수 있는 경험을 국내에서 즐기는 것이다. 그렇다면 요즘 사람들은 해외에서 어떤 경험을 가장 하고 싶어 할까? 소비자데이터조사 플랫폼 오픈서베이가 조사한 바에 따르면, '미식 탐방'이 국내외를 통틀어 여행에서 예산을 가장 투자하고 싶은 영역에서 단연 1위로 꼽혔다. 외식에 더 투자하고 싶다는 소비자는 국내 여행 67.2%, 해외여행 58.5%인 반면, 외식비를 절약하겠다는 소비자는 국내 여행 7.0%, 해외여행 9.6%로, 그 차이가 숙소·관광·레저·공연 관람 등보다 압도적이었다.[1] 그러니 훌쩍 떠날 수 없다면, 여행지의 분위기를 한껏 살린 국내 맛집에 찾아가는 것은 매우 자연스러운 일이다.

식사가 허기를 채우는 활동을 넘어 일종의 여가 활동이 됐다. 사람들은 마치 여행을 하듯 이국적인 식당을 방문하고, 특별한 지역 맛집을 찾아간다. 한 끼를 해결한다는 목적을 넘어 그 과정에서 오는 색다른 경험이 식사의 핵심이 되고 있다. 식당이 취식의 공간에서 체험의 공간으로 바뀜에 따라 공간의 역할이 음식 못지않게 중요한 요소로 부상하기도 한다. 《대한민국 외식업 트렌드 Vol.2》에서는 이처럼 지구를 여행하는 듯한 경험을 선사하는 요즘 소비자들의 한 끼 식사 과정을 일컬어 ENA 채널의 인기 여행 예능 프로그램 〈지구마불 세계여행〉을 패러디하여 '지구마블 한입여행' 트렌드라 명명한다.

'지구마블 한입여행' 트렌드에서는 소비자의 한입여행을 두 가지로 나누어 살펴본다. 첫 번째는 다른 나라에서 경험하는 미식 여행을 국내에서 해보는 것이다. 국내에 다양한 국가의 음식을 선보이는 가게들이 생겨나면서, 단순히 현지 음식을 먹기 위한 이유만으로는 더 이상 비행기를 탈 필요가 없어졌다. 현지의 분위기를 고스란히 담고 있는 매장에서의 한 끼 식사를 통해 마치 다른 국가로 순간이동한 느낌을 받을 수 있게 된 것이다. 두 번째는 국내에서의 로컬 맛집 여행이다. 해외여행이 불가능했던 코로나19 시기를 기점으로 지역사회에 대한 관심이 부쩍 증가하면서, 생각보다 다채로운 우리나라의 지역 문화에 놀라는 사람들이 많이 늘어났다. 소비자는 국내 방방곡곡을 돌아다니며 해당 지역만의 특색을 담은 음식과 고유의 식문화를 찾아내고 경험한다.

주사위를 굴려 세계를 돌아다니는 '부루마불' 보드게임처럼 음식을 통해 국내외를 여행하는 요즘 소비자의 한입여행에 대해 알아보자.

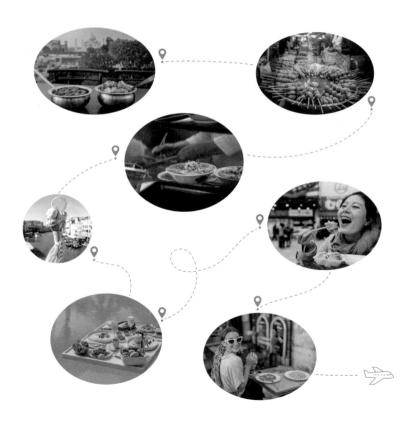

①
순간이동 현지 맛집

"Hiếutử", "きぼう", "哥哥", "sam sam sam".

　서울 지하철 4호선 삼각지역과 신용산역 사이에는 '용리단길'이라고 불리는 골목이 있다. 총길이 300미터 남짓한 이 골목에 들어서면 낯선 글자로 뒤덮인 간판들이 거리를 가득 메우고 있는 모습을 확인할 수 있다. 영어·일본어·중국어·베트남어뿐만 아니라 도저히 어느 나라 언어인지조차 알 수 없는 외국어로 된 간판까지 뒤섞여 이색적인 분위기를 자아낸다. 이러한 거리의 풍경을 마주한 소비자는 잠시 낯선 현지로 순간이동을 하게 된다. 생소한 언어 속에서 느껴지는 묘한 긴장감과 설렘을 이제는 국내에서도 경험할 수 있게 된 것이다. 읽을 수도 없는 간판들 사이를 헤매다 겨우

식당에 들어서면, 가게 문 너머로 런던·도쿄·홍콩·하노이에
나 있을 법한 현지 매장이 기다리고 있다.

이러한 가게들의 현지 콘셉트는 매장의 전면부인 간판에
서 그치지 않고 내부의 인테리어와도 자연스럽게 연결된다.
최근에는 국가와 지역의 특성을 구체적으로 구현한 매장이
늘고 있다. 현지 시장에서 직접 구매해온 식기와 크고 작은
오브제는 물론, 매장에 흐르는 음악과 고유의 향기까지 한데
어우러져 현지의 느낌을 오감으로 전달한다.

호찌민에 온 것 같은 기분, 〈범죄도시2〉의 촬영지

용리단길에 위치한 음식점 '효뜨Hiéutừ'는 베트남을 배경으
로 한 영화 〈범죄도시2〉의 촬영지로도 유명하다. 영화를 본
관객들이 한 치의 의심 없이 베트남 호찌민에 위치한 식당
이라고 생각할 만큼, 매장 구석구석에는 베트남의 분위기를
담은 요소들이 적절히 배치되어 있다. 식당을 방문한 손님
은 효뜨의 노란색 간판과 투박하게 놓여있는 열대식물, 동남
아 식료품점에나 있을 법한 통조림에 둘러싸여 식사하면서
마치 여행온 듯한 기분을 만끽할 수 있다. 다소 성의가 없
어 보일 수 있는 빨간색 플라스틱 의자와 파란색 식탁은 전

반적인 식당 분위기와 어우러져 소비자에게 한층 더 고양된 현지 경험을 제공한다.

소비자가 만족하는 공간은 단순히 고가의 음식이나 서비스를 제공하거나 세련된 인테리어를 갖춘 매장이라기보다는 손님이 몰입할 수 있는 색다른 경험을 제안해주는 공간임을 알 수 있다.

"현직 대사관 셰프가 운영하는 태국 음식점입니다. 대사관에 가지 않는 날에는 이곳에서 요리합니다."

서울 송파구에 있는 '서보'는 대사관에서 일하는 현직 한국인 셰프라는 사장님의 특별한 신원과 태국 본연의 맛을 느낄 수 있는 음식으로 인기를 얻고 있다. 메뉴는 족발덮밥과 새우국밥으로 딱 두 가지지만, 다른 가게에는 없는 특별한 메뉴를 맛볼 수 있다는 사실이 알려지면서 멀리서도 사람들이 찾아와 먹는 유명 맛집이 되었다. 음식은 물론 매장 안팎에서 느껴지는 오리지널 태국 현지의 분위기 탓에 사장님을 간혹 태국인으로 오해하는 상황이 생길 정도다. 초창기에 가게에서 사용하던 나무 상판은 방콕 길거리의 느낌이 나는 스테인리스 테이블로 바뀌었으며, '서보전력'이라는 기존 간판 밑에 태국에서 직접 주문 제작한 빨간색 간판이 새롭게 달렸다. 매장 한쪽 벽에는 태국 사진관을 방문해 촬영한 사장님의 증명사진이 걸렸다. 디테일이 점차 현지와 가깝게 채워지면서 서보는 그 어느 가게보다도 '태국스러운' 가게로 거듭나고 있다.

현지 분위기를 최대한 살리는 매장 인테리어 Tip

현지의 감성을 효과적으로 연출하는 방법으로 최근 많은 가게들이 인쇄물을 활용한다. 소위 말하는 '힙한 가게'에 방문하면 현지 신문과 잡지, 포스터를 가게 내부와 외부 곳곳에 붙여놓은 모습을 쉽게 목격할 수 있다. 흥미로운 점은 인쇄물의 내용이 식음료에 한정되지 않는다는 것이다.

미국 샌프란시스코의 관광 안내문부터 일본 후생 노동성에서 나온 코로나19 마스크 착용 지침 안내문, 1980~1990년대 홍콩 스타의 스캔들을 다룬 기사, 독일어로 쓰여있는 아르바이트 모집 전단까지, 인쇄물의 종류나 용도를 불문하고 가게의 분위기를 살려주는 매장 인테리어로 활용하는 재밌는 모습을 목격할 수 있다. 오히려 식음료와 무관한 콘텐츠를 담은 인쇄물을 활용함으로써 소비자는 음식점에 방문했다는 인식을 넘어 현지인의 일상생활 영역으로 들어온 듯한 느낌을 받을 수 있다.

용리단길에 자리한 일식 스탠딩 바 '키보きぼう'에서도 이러한 인쇄물을 적재적소에 활용해 손님의 몰입감을 높이고 있다. 벽에 붙어있는 일본 패션 잡지와 스포츠 신문, 일본 국민 강아지 시바견 사진 등은 소비자에게 일본의 문화 코드를 자연스럽게 전달해준다. 각종 인쇄물은 매장에서 흘러나오는 제이 팝J-pop과 만나 현지의 분위기를 생생하게 재현하며, 가게에 입장한 손님은 일본 브랜드의 주류를 주문함으로써 가게 분위기에 녹아든다. 이곳에서 판매하는 '아사히' 생맥주가 국내 판매량 1등을 차지했다고 하는데, 10평 남짓한 작은 매장에서 이처럼 높은 판매량을 기록할 수 있었던 배경에는 공간이 주는 현지의 분위기가 일조했음이 분명하다.

해외여행을 떠나는 사람들이 맛집을 찾기 위해 검색하는 단골 키워드에는 '현지인 맛집'이 있다. 여행에 있어서 그 지역에 사는 현지인들이 자주 방문하는 식당을 경험하는 것에 큰 가치를 두는 것이다. 이러한 모습이 국내 맛집 찾기에서도 유사하게 나타나고 있다. 과거에는 외국 음식을 우리 입맛에 맞게 적절히 한국화한 스타일을 선호했다면, 이제는 외국인이 인정하는 '진짜' 현지의 맛을 찾아내는 것이 소비자

현지 맛집이라고 해서 다 인기 있는 게 아니다! 국내에 있는 수많은 현지 맛집 중에서도 본토의 인증을 받은 식당에 더 큰 관심이 쏠린다.

에게 또 다른 즐거움이 되고 있다. '주한 외국인이 인정한 고향 맛집', '태국 출신 아이돌이 인정한 태국 맛집' 등의 제목으로 국내에 있는 현지 맛집들이 소개되고 있으며, 소비자는 현지인이 선택한 식당을 식별하는 자신의 안목에 자부심을 느끼기도 한다('식별력' 참조).

이처럼 '현지인 맛집'을 찾는 소비자가 많아지자, 각국이 발급하는 식당 인증 제도에 대한 관심도 자연스레 높아지고 있다. 전 세계 60여 개 국가에 있는 이탈리안 레스토랑을 대상으로 진행하는 '오스피탈리타 이탈리아나Ospitalita Italiana'는 레스토랑 메뉴의 정통성과 정체성, 식자재 등에 대한 심사를 통해 진짜 이탈리아의 맛을 느낄 수 있는 레스토랑에 주는 인증서다. 미식 외교를 펼치고 있는 태국 정부 또한 태국 정통 음식 기준에 부합하는 식당에 '타이 셀렉트Thai SELECT' 라는 인증을 부여하는 제도를 시행하고 있다. 국내에 있는 수많은 현지 맛집 사이에서도 현지인의 인정을 받은 본토의 맛을 경험하는 것이 식당을 선택하는 또 다른 기준이 된 것이다.

여기가 진정 한국인가요?

현지 문화를 활용해 체험 요소를 극대화한 공간도 사람들의 발길을 끌고 있다. 부산광역시 수영구 광안리의 '불란서그로서리'는 판매하는 메뉴에서 모티브를 얻어 매장 공간을 기획했다. 프랑스의 국민 샌드위치인 잠봉뵈르에 들어가는 '잠봉jambon(얇게 저민 햄)'이 그 주인공이다. 사냥한 고기를 동굴에서 말리거나 불을 피워 훈연했던 '샤퀴테리charcuterie(가공육)'의 기원을 공간으로 풀어낸 것이다. 어둑어둑한 동굴 콘셉트의 매장 천장에는 잠봉 다리 3~4개와 양파, 마늘이 주렁주렁 걸려있어 마치 매장에서 식재료가 만들어지고 있는 듯한 인상을 준다. 손님은 동굴에서 잠봉뵈르를 맛보는 것만으로도 원산지에 방문해 음식을 먹는 듯한 특별한 느낌을

정통 프랑스식 잠봉뵈르
는 이렇게 만들어집니
다. 부산에서 즐기는 현
지의 맛, 그리고 특이한
체험까지.

받을 수 있다. 프랑스 현지 식당과 닮지 않았음에도 식재료
와 관련된 문화 체험을 통해 음식의 맛을 배가시키는 공간
활용법이다.

서울 한복판에서 배를 타고 입장하는 레스토랑으로 화제
가 된 글로우서울의 '살라댕템플' 역시 현지 문화를 활용해
체험 요소를 극대화한 공간이다. 매장에 도달하기 위해서는
건물 입구에서 배를 타고 잠깐 동안 수심 1미터인 인공 호
수를 지나야 하는데, 이러한 경험은 물 위에 떠 있는 태국의

서울 한복판에 이런 곳이? 태국 음식점인 살라댕템플은 불
교 문화권의 특징을 살려 배를 타고 이동하는 사원 콘셉트
로 현지보다 더 현지스러운 공간을 만들었다.

전통 수상 시장을 연상케 한다. 살라댕템플의 호수처럼 한 장소에서 다른 장소로 옮겨가는 중간 지대의 활용은 목적지를 더욱 신비로운 공간으로 만들어주는 효과가 있다. 의도적으로 장애물을 배치함으로써 물리적으로 거리가 있는 새로운 공간으로 이동하는 듯한 느낌을 주기 때문이다. 비행기를 타고 오랜 시간 가야지만 도착할 수 있는 여행의 여정을 이 가게를 방문하는 경험을 통해 대체시키는 살라댕템플의 공간 설계는 방문객에게 잠시 여행지에 온 듯한 느낌을 강하게 준다. 그뿐만 아니라 호수를 건너 식당에 들어서면 한쪽 벽면을 가득 채운 커다란 불상이 공간을 압도하며, 정중앙에 있는 분수에서도 좌불상 조각을 찾아볼 수 있다. 가게 이름에서부터 짐작할 수 있듯이 식당 내부는 신성한 사원의 느낌으로 꾸며져 있다. 불상이 주는 몽환적인 느낌과 이색적인 입장 방법이 만나 고객에게 진한 여운을 주는 공간이 됐다.

②
방방곡곡 국내 맛집

국내 여행의 판도도 바뀌고 있다. 관광 명소를 중심으로 한 도장 깨기식 여행이 주를 이룬 과거와 달리, 이제는 지역의 문화와 지역민의 라이프스타일을 직접 체험해보는 방식의 여행이 인기를 얻고 있다. 예전의 여행은 주요 관광 포인트를 돌아보는 것이 핵심이고 로컬 식당 방문은 부수적이었다면, 이제는 오히려 맛집 탐방이 여행의 주목적이 되는 경우가 많아졌다. 이처럼 지역을 가장 손쉽게 체험하는 방법으로 미식 여행이 주목받으면서, 전국 방방곡곡에 자리한 로컬 맛집에 관한 관심도 부쩍 늘어났다. 온라인에서는 'ㅇㅇ지역 먹킷리스트', 'ㅇㅇ지역 10味' 등의 제목으로 해당 지역에서만 맛볼 수 있는 특별한 음식과 식당을 추천해주며, 사람들은 그 지역에서만 먹을 수 있는 특색 있는 음식이나 로컬 사람들만 알고 있던 역사가 깊은 맛집을 찾아내면서 즐거워한다. 심지어 해당 지역만의 별미와 맛집이 많은 곳을 중심으로 여행지를 선택하는 모습도 자주 관찰된다.

평일에 휴가를 내고 먹으러 오는 집

이름부터 로컬의 느낌이 물씬 풍기는 '뭉티기'는 육사시미를 뜻하는 경상도 방언으로 대구 10미味로 꼽히는 향토 음식 중 하나다. 경상도 지역에서는 생고기를 무심한 듯 뭉텅뭉텅 썰어낸다는 의미로 지어진 이름이다. 생고기인 만큼 뭉티기를 먹을 때 가장 중요한 것은 바로 신선도다. 당일 도축한 신선한 소고기만을 사용해야 하기에 근처에 도살장이 없는 지역에서는 맛보기 힘든 특별한 메뉴이기도 하다.

가수 성시경, 크리에이터 풍자 등 유명인의 유튜브 채널과 다양한 먹방 채널에 뭉티기가 소개되면서 대구식 뭉티기로 유명한 대구 맛집 '왕거미식당'을 찾는 외지인도 부쩍 늘었다. 그러나 왕거미식당을 찾은 모든 손님이 뭉티기를 맛볼 수 있는 것은 아니다. 당일 준비된 고기 양이 조기 매진되는 경우가 많으며, 도축을 실시하지 않는 주말과 공휴일에는 주문조차 할 수 없다. 왕거미식당 리뷰에는 먼 길을 왔음에도 뭉티기를 맛보지 못하고 돌아간 손님들의 아쉬움 담긴 후기도 찾아볼 수 있다. 그런데도 뭉티기를 맛보기 위해 평일에 휴가를 써서라도 찾아오는 손님들의 발길이 끊이지 않는다. 같은 자리에서 50년 가까이 영업 중인 왕거미식당에서의 한 끼가 이들에게는 소중한 휴가와 맞바꿀 만큼 커다란 가치가 있는 것이다.

대구에 뭉티기가 있다면, 강원도 강릉에는 '꾹저구탕'이 있다. 이름만 들으면 한국말이 맞을까 하는 의문이 들 정도로 발음조차 어렵지만, 알고 보면 '저구새가 꾹 집어 먹은 고기'의 준말이라고 한다. 꾹저구탕은 가장 맑고 깨끗한 물인 1급수에만 산다는 망둥어과의 민물고기로 끓인 탕으로 로컬에서만 구할 수 있는 좋은 식재료가 사용된다는 점이 핵심이다. 강릉의 로컬 맛집인 '연곡꾹저구탕'에서는 탕과 함께 나오는 은어 튀김도 유명하다. 꾹저구와 은어 모두, 양식이나 수입이 어려운 자연산이라는 점에서 외지에서는 고급 식당에서만 접할 수 있는 귀한 메뉴이기 때문이다. 투박한 접시에 나오는 은어 튀김을 맛보는 것은 이 지역에서만 가능한 작은 사치다. 강원도 사람에게는 친숙한 음식이지만, 외지인에게는 최근에 와서야 알려지게 된 꾹저구탕은 '초당

순두부'에 이어 강릉을 대표하는 메뉴로 자리매김하고 있다.

전주의 '가맥'과 문래동의 50년 노포

세월이 흘러 동네의 시그니처가 된 로컬 맛집들도 있다. 오랜 세월 같은 곳에서 한결같이 자리를 지켜온 식당들은 음식을 파는 공간을 넘어 그 지역의 문화가 된다. 전주 시민들이 즐기는 '가맥'이라는 독특한 문화의 원조 격이자 이제는 명소가 된 '전일갑오'가 그 예다. "가맥이나 한잔하지", "가맥집으로 가지 뭐" 등 전주 사람만이 알아들을 수 있는 가맥은 '가게에서 파는 맥주'를 줄인 말이다. 1980년대, 낮에

출처: undong_gyejung, sunny_h91 인스타그램

조금 낡고 협소하더라도 세월의 흔적이 묻어나는 로컬 식당이 주목받고 있다. 오래된 시간만큼 지역의 문화를 고스란히 간직하고 있기 때문이다.

는 물건을 파는 일반 가게로 운영하다가 밤에는 빈 공간에 탁자를 몇 개 놓고 맥주를 팔던 가맥집은 전라북도에서 생겨나고 성장한 독특한 술 문화다. 예부터 동네 가게에서 맥주와 안주를 저렴하게 즐길 수 있어 남녀노소 모두에게 인기 있던 공간이다. 이러한 역사를 이어 지금까지도 전주에는 '○○슈퍼', '○○휴게실', '○○편의점'이라는 간판을 달고 영업하는 가맥집들이 여러 곳 있다. 가맥집마다 각자 특색을 가지고 발전해온 덕분에 가게별로 내놓는 안주를 골라 먹는 재미도 쏠쏠하다.

황태를 구워주는 전일갑오 외에도 통닭과 닭발튀김으로 유명한 '영동슈퍼', 라면을 끓여주는 '대성식품', 참치전을 구워주는 '슬기네가맥', 망치로 두드린 갑오징어를 맛볼 수 있는 '경원상회' 등 각양각색의 가맥집이 모여 하나의 가맥 문화를 형성하고 있다. 오래된 슈퍼의 모습을 간직하고 있는 가맥집들에 대한 지역민들의 애정은 꾸준히 이어지고 있으며, 외지인에게는 전주의 살아있는 문화를 체험할 수 있는 공간으로서 한층 더 부상하고 있다.

서울 영등포구 문래동 철공소 골목과 역사를 함께한 동네 터줏대감 '영일분식'은 50년이 넘는 세월 동안 같은 자리를 지켜온 곳이다. 가게 벽면에 걸려있는 빛바랜 사진들은 노포가 견뎌온 시간을 증명해준다. 가게를 방문한 손님들은 쫄깃한 면발의 칼비빔국수를 맛보며 가게 곳곳에 배어있는 오래된 옛 정취와 분위기를 느낄 수 있다. 언제 방문해도 한결같이 넉넉한 인심으로 푸짐하게 제공되는 음식은 이 가게가 빠르게 변화하는 도시 속에서 단순히 국수를 판매하는 식당 그 이상의 의미를 지니고 있음을 보여준다. tvN 〈유 퀴즈 온 더 블럭〉, MBC 〈전지적 참견 시점〉 등 다수의 방송 프로그램에 출연하면서 대기 없이는 맛볼 수 없는 핫플레이스가 되었다. 처음 시작은 문래동 골목의 작은 가게였을지라도 이제는 이 지역의 역사를 함께한 문래동 대표 노포가 된 것이다.

해외여행을 대체하는
가성비 높은 선택

여행을 닮아가는 식사가 나타나는 이유는 무엇일까? 우선 외식의 경험이 특별해졌다는 점을 들 수 있다. 클릭 한 번으로 집 앞까지 음식이 배달되는 시대에 소비자가 시간과 노력을 들여 맛집을 찾아가게 하기 위해서는 그만한 가치가 있어야 한다. 외식에 대한 사람들의 기대치와 기준이 과거보다 훨씬 더 높아진 것이다.

이러한 고객의 기대에 부응하기 위해 식당도 변화하고 있다. 음식은 물론 음식 외적인 요소까지 활용해 '직접 방문할 가치가 있는 매장'으로 변신을 꾀하는 것이다. 그것은 매장의 인테리어일 수도 있고, 가게가 가진 역사와 이야기일 수도 있으며, 매장이 제안하는 콘텐츠일 수도 있다. 어떠한 방법이든 중요한 것은 식사를 통해 특별한 경험을 원하는 소비자에게 만족감을 줄 수 있어야 한다는 사실이다.

해외 현지의 분위기와 맛을 재현한 레스토랑이나 국내 로컬 맛집을 찾아 나서는 소비자의 모습은 최근의 경기 불황과도 밀접한 관련이 있다. 고물가, 세계 경기 침체 등을 경험한 사람들이 해외여행에 드는 비용 지출에 대한 대안으로 특별한 장소에서의 식사를 선택한다는 것이다.

여행의 목적이 된 특별한 한 끼 식사

코로나19 사태 이후 그간 억눌러 왔던 여행 심리는 되살아났지만, 현실적인 여건 탓에 자유로운 여행에 제약을 느끼는 사람도 많다. 이런 상황에서 특별한 국내 맛집, 이색적인 현지 맛집을 찾아가는 행동이 새로운 경험에 대한 욕구를 간소화된 형태로 해소하는 일종의 '가성비 높은 여행 대체제'가 된 것이다. 실제로 배달의민족에서 진행한 고객 설문 중 "해외 또는 특정 지역에 온 듯한 경험을 제공하는 식당을 보면 어떤가요?"라는 질문에 무려 90% 이상이 방문하고 싶어진다고 답하기도 했다. 연차를 쓰고 2~3시간 거리에 있는 맛집을 찾아가는 일부 소비자들의 행동이 단순히 한 끼를 해결하기 위한 모습이라고 보기에는 과하다고 느껴질 수

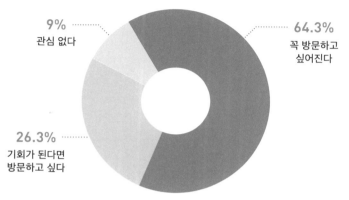

해외 또는 특정 지역에 온 듯한 경험을
제공하는 식당에 대한 반응

9%
관심 없다

64.3%
꼭 방문하고
싶어진다

26.3%
기회가 된다면
방문하고 싶다

출처: 배민외식업광장ceo.baemin.com

있다. 그러나 이들에게 맛집에 가서 먹는 한 끼 식사는 여행 중의 허기를 달래는 '수단'이 아니라, 그 자체로 여행의 '목적'이 될 수 있기 때문에, 여행을 하는 것과 대등한 가치를 느끼는 것이다.

마지막으로 최근 여행 트렌드 자체가 변화하고 있다는 점을 지적할 수 있다. 과거에는 명소나 포토 스폿을 효율적으로 돌아보는 것이 여행의 주된 패턴이었다면, 요즘에는 '한 달 살아보기'처럼 현지인과 같은 '찐경험'을 하는 것에 여행의 방점이 놓인다. 관광 명소를 돌다가 식사 때가 되면 구석에 있는 한식당에 들르는 것이 일반적이었던 패키지여행이 아니라, 이제는 자유여행을 떠나 현지의 길거리 음식을 먹는 것이 더 선망하는 여행의 모습이 되고 있다. 이러한 현상은 한국 사람들의 여행 경험이 축적되고 증가하면서, 아직 시도 해보지 못한 새로운 경험에 대한 열망이 커졌기 때문이라고 해석할 수 있다.

관광지 방문에 만족하지 못하고 이제는 다른 국가 혹은 지역의 문화에 깊숙이 파고들고자 한다. 이에 따라 "진짜" 를 찾으려고 노력하는 소비자가 많아졌다. 여행 예능이나 유 튜브 콘텐츠에서도 이러한 경향성을 확인할 수 있다. 기존 의 여행 예능이 파리의 에펠탑이나 로마의 콜로세움을 방문 하는 장면들을 소개했다면, 이제는 관광객의 발길이 드문 진 짜 로컬에서 현지인의 라이프스타일을 함께하는 모습을 그 린다. 이러한 추세가 특별한 한 끼를 경험하고자 하는 소비 자의 맛집 찾기에서도 나타나는 것이다. 한 끼 식사를 통해 세계여행을 가는 듯한 느낌을 받기도, 나와는 다른 사람들의 라이프스타일을 경험해보기도 하는 요즘 손님들에게 과연 우리 가게는 어떤 가치를 어떠한 방식으로 전달해줄 수 있 는지에 대한 고민이 필요하다.

사장님을 위한 트렌드 활용 팁

다양한 미식 문화를 경험하는 것이 그 어느 때보다 손쉬워졌다. 각종 SNS와 온라인 매체를 통해 다른 지역, 다른 나라의 음식을 클릭 한 번으로 접할 수 있게 되면서 미식의 패러다임이 다양해지고 있는 것이다. 식생활에 있어서도 단일한 취향을 갖기보다는 다양함을 추구하고 여러 스타일을 포괄적으로 받아들이면서 즐기는 사람들이 많아졌다. 새로운 식문화를 찾아내고 누구보다 발 빠르게 이를 경험하고자 하는 요즘 소비자에게 다가가기 위해, 우리 사장님들은 '지구마블 한입여행' 트렌드를 어떻게 활용할 수 있을까?

디테일함이 돋보이는 현지 인테리어

먼저 인테리어를 돌아보는 것은 어떨까? 현지 분위기를 매장에 녹여내 손님에게 차별화된 인상을 심어주는 것이다. 우선 어떤 분위기가 우리 매장에서 판매되는 음식을 돋보이게 만들 수 있을지부터 생각해보아야 한다. 구현하고자 하는 현지 분위기가 구체적일수록 좋다. 예컨대 일본 음식을 판매하는 식당이라면 그냥 '일본풍'이 아니라 손님에게 전달하고 싶은 현지 분위기가 일본의 어느 지역인지, 어느 시기인지, 어떤 것을 판매하는 매장인지까지를 생각해볼 수 있다. '1980년대 교토 뒷골목에 있는 30년 된 작은 LP바'처럼 구체적인 분위기를 설정해둔다면 막연히 '일본 느낌'의 매장을 만들고자 할 때보다 소비자의 기억 속에 뾰족하게 남는 공간이 될 수 있다.

구체적인 방향 설정이 어렵다면 좋아하는 영화나 소설에 나오는 현지 식당의 모습을 따라서 해보는 것도 하나의 방법이 될 수 있다. 현지 분위기를 매장에 녹여내는 방법이 반드시 거창하거나 본격적일 필요는 없다. 벽에 붙어있는 포스터 하나, 매장에 흐르는 음악 한 곡, 사용하는 쟁반 디자인 등 작은 요소부터 하나씩 바꿔나가면서 우리 매장만의 독보적인 분위기를 만들어나갈 수 있다.

서로 어울리는 현지의 맛 조합

특색 있는 식재료나 음료를 적절히 활용한다면 같은 메뉴더라도 손님에게 완전히 다른 인상을 남길 수 있다. 판매하는 메뉴에 어울리는 낯선 식재료·향신료를 추천하거나 함께 곁들여 마실 수 있는 현지 음료를 추천한다면, 소비자들은 현지 콘셉트에 보다 몰입하며 한 끼를 즐길 수 있을 것이다.

배달의민족 데이터에 따르면 마라탕과 함께 주문된 음료 순위에는 중국 음료 '빙홍차'와 '차파이'가 상위권을 차지했다. 한국 사람에게는 생소한 음료임에도 불구하고 순위권 안에 들었다는 점을 고려하면, 식사 시 사람들이 음료 역시 메인 메뉴의 연장선에서 통일된 콘셉트를 추구하고 있다는 것을 확인할 수 있다.

현지의 느낌이 물씬 풍기는 '작명법'

매장에 새로운 변화를 시도하는 것이 힘들다면, 가게나 메뉴의 이름에 '지역명'을 활용해 손님의 시선을 끄는 손쉬운 방법도 있다. 우리 가게에서 유명한 지역 특산물을 사용하고 있다면 메뉴명에 해당 지역명을 넣어보는 것이다. 배달의민족에서 진행한 고객 설문에 의하면, 대다수의 손님은 가게나 메뉴 이름에 지역명이 포함되거나 특산물을 이용하는 식당을 보면 기대감이 생긴다고 응답했다.

메뉴명을 바꾸는 것이 어렵다면 주력 메뉴의 재배지를 구체적으로 알리는 것만으로도 가게 음식에 대한 소비자의 신뢰를 높일 수 있다. 예를 들어 식당의 원산지 표시를 "쌀: 국내산"으로 하는 것에서 한 걸음 나아가 "쌀: 전북 임실군"이라고 적는 식이다. 프랜차이즈 햄버거집 '파이브가이즈FIVE GUYS'에서도 "오늘의 감자는 강원도 평창군의 윤명호농장에서 생산된 것을 사용함"이라는 고시를 영어로 붙여놓고 있다. "고사리: 제주산"보다는 "제주시 애월읍 새별오름 고사리"가 훨씬 더 정감 가고 신뢰감을 주지 않는가? 이러한 정보는 해당 지역의 농부가 이름 걸고 재배한 신선한 식재료를 활용해 음식을 만들고 있다는 메시지를 소비자에게 암묵적으로 전달한다. 이처럼 사소하게 넘어갈 수 있는 작은 디테일이 모여 매장에 대한 소비자의 전반적인 평가를 만들어내는 것이다.

스탠퍼드대학교 언어학 교수인 댄 주래프스키Dan Jurafsky가 저서 《음식의 언어》(어크로스, 2015)에서 미국 7대 도시 내 레스토랑 메뉴 65만 개를 분석한 결과, 고급 레스토랑의 메뉴판에는 농장 이름('엘리전 필즈'), 사육 방식('풀을 먹여') 등 재료 출처를 거론한 횟수가 저렴한 식당보다 15배 많았으며, 요리를 설명하는 단어가 하나씩 늘수록 음식 가격이 18센트씩 높아졌다고 한다. 반면 싸구려 레스토랑 메뉴에는 "'Crispy' Golden Brown Belgian Waffle with 'Fresh' Fruits"와 같이 '바삭바삭', '신선한'처럼 추상적인 단어가 많아, 훌륭하지 못한 음식을 꾸미기 위한 형용사라는 인상을 주고 있다는 것이다.[2]

가게의 오랜 스토리를 공유

마지막으로 우리 가게의 역사와 전통을 고객들에게 알리는 방법도 있다. 우리 가게가 얼마나 오랫동안 사랑받고 있고, 꾸준하게 운영되고 있는지를 보여주는 것이다. 소비자는 가게가 쌓아온 값진 세월만으로도 방문할 가치가 있다고 생각한다. 진정성 있는 가게만이 오랜 세월을 버텨낼 수 있다고 평가하기 때문이다. 가게를 오픈했던 순간부터 이전하거나 확장한 순간, 새로운 메뉴가 출시된 순간 등을 모아 우리 가게만의 타임라인을 만들어 고객과 공유하는 것도 좋은 방법이다.

핵심 요약
지구마블 한입여행

Q 순간이동 현지 맛집

요즘 소비자들은 런던·도쿄·홍콩·하노이와 같은 '현지'의 분위기를 고스란히 구현한 식당에 열광한다. 현지인의 생활 세계를 그대로 옮겨온 듯한 인테리어는 물론, 한국인의 입맛과 타협하지 않는 이국적인 메뉴에 오히려 찬사를 보내며 웨이팅을 자처하는 중이다. 음식뿐만이 아니라 현지 문화를 활용해 체험 요소를 극대화한 공간도 환영받고 있다. 가게 방문의 경험이 곧 비행기를 타고 오랜 시간 가야 하는 여행의 과정을 대체하게 된 것이다.

Q 방방곡곡 국내 맛집

코로나19로 국내 지역사회에 대한 관심이 부쩍 증가하면서, 도장 깨기식으로 관광지를 돌아다니던 기존의 국내 여행 트렌드도 저물고 있다. 이제는 로컬 맛집이 여행의 중심이 됐다. 요즘 소비자들은 특색 있거나 역사가 깊은 맛집을 체험하기 위해 여행을 떠난다. 대구의 '뭉티기', 강릉의 '꾹저구탕', 전주의 '가맥'이 대표적이다. 특히나 지역 주민의 지지를 한 몸에 받는 전통 있는 로컬 식당들은 그 역사와 분위만으로도 '꼭 가볼 만한' 여행 필수 코스가 되고 있다.

사장님! 이것만은 꼭!

☑ **현지 분위기 200% 재현하기**

화분, 포스터, 시계 등 작은 인테리어 요소들은 물론 가게에 흐르는 음악까지 세심하게 연출하자. 특히 고객이 입구를 들어서는 순간 마주하는 카운터의 모습은 가게의 첫인상을 심어주므로 현지 분위기 재현에 더욱 신경 쓸 것.

☑ **이색적인 경험 선물하기**

현지에서만 먹을 수 있는 특색 있는 식재료나 음료를 통해 '여행 같은 외식'을 선사하자. 이색적이고 낯선 향신료도 현지의 식문화를 간접 체험할 수 있는 유용한 요소가 된다.

☑ **문화와 역사 자랑하기**

독특한 지역 문화나 우리 가게에 숨은 역사가 있다면, 적극적으로 어필해보자. 운영한 지 얼마 되지 않았다면, 가게를 오픈했던 순간부터 지금까지 있었던 크고 작은 이벤트들을 정리해 소개하는 것도 좋다.

☑ **식재료까지 콘셉트로 활용하기**

특산물이나 유기농 재료 등을 사용한다면, 메뉴명 혹은 원산지에 해당되는 지역명을 표기해 센스 있게 알려보자. 이는 고객에게 신뢰를 줄 뿐만 아니라, 미식 경험에 대한 새로운 기대를 하게 만든다.

KEYWORD 3

푸드밸런스

회사원 A씨는 건강에 관심이 많다. 매일 아침 식사는 잡곡빵과 건강 주스로 간단히 해결하고, 점심은 사무실에서 배달 샐러드로 가볍게 때운다. 이런 A씨의 건강한 식단은 퇴근과 동시에 180도 달라진다. 퇴근길에 남편과 함께 요즘 유행하는 매운 족발을 주문한 A씨. 바로 이 행복을 위해 아침과 점심을 희생한 것이다. 아침과 점심은 가볍게 먹었으니, 저녁만큼은 먹고 싶은 것을 마음껏 즐기자는 마음이다. 자극적인 음식을 먹었다는 죄책감도 느끼지만, '어차피 내일 점심은 또 샐러드를 먹을 텐데'라고 생각하니 걱정은 이내 사라진다.

건강에 대한 관심이 그 어느 때보다도 높다. 건강을 뜻하는 '헬시healthy'와 기쁨을 의미하는 '플레저pleasure'의 합성어로, 건강을 즐겁게 관리한다는 뜻인 '헬시플레저' 현상은 《트렌드 코리아 2022》에서 처음 소개된 이후 이제는 한국 사회의 중요한 흐름이 되었다. 건강관리 시장의 큰손인 시니어뿐만 아니라 20~30대 젊은 층까지도 헬시플레저 트렌드에 열광한다.

전 세대에서 '건강'에 대한 관심이 최고조에 달한 지금, 역설적이게도 '건강에 좋지 않은' 자극적인 음식도 함께 유행하고 있다. 입안 전체가 얼얼할 정도로 매운 '마라탕', 혀가 다른 맛을 느낄 수 없을 정도로 달달한 '탕후루', 칼로리 폭탄을 떠올리게 하는 '약과'는 어떤 이유에서 건강 열풍이 강하게 부는 바로 지금 함께 유행하는 걸까? 왜 사람들은 건강을 위해 닭가슴살을 먹으면서도 매운족발을 포기하지 못하는 이중적인 태도를 보이는 걸까? 이에 대해 한 소비자는 이렇게 답한다.

> "나쁜 음식과 좋은 음식의 균형을 맞추는 느낌? 건강의 저울이 한쪽으로 치우치지 않도록 반대로 좋은 음식도 먹어서 평균을 만드는 거죠. 서로 상쇄가 되게 한다고 할까……."
>
> – 자체 FGD 40대 소비자 발화 중

영리하지 않은가? 사람들은 기꺼이 허용할 만한 일탈 수준을 마음속에 미리 정해놓고, 그 범위를 벗어나지 않도록 의식적으로 조절하며 건강과 쾌락 사이를 넘나든다. 예전에 사물의 무게를 재기 위해 저울 한쪽에 물건을 올려놓고 반대편에는 분동(1g, 10g 등 각 무게 단위의 추)을 올려 측정하곤 했다. 먹는 쾌감과 건강을 둘 다 놓치고 싶지 않은 현대인들은 마음속에 양팔 저울을 둔 채 한쪽에는 맛있는 음식을, 또 다른 한쪽에는 건강식품을 올려두고 균형을 맞추는 것이다. 이처럼 먹는 즐거움과 건강 사이에서 균형을 찾는 요즘 사람들의 식습관을 《대한민국 외식업 트렌드 Vol.2》에서는 건강을 위해 음식을 먹을 때도 균형을 맞춘다는 의미에서 **'푸드밸런스'**라 명명한다. 푸드밸런스의 구체적인 모습으로, 요즘 사람들은 첫째, 자극적인 음식과 건강한 음식을 번갈아 먹으며 늘 중간값을 유지하고(#평균밸런스), 둘째, 칼로리·카페인 등의 섭취 총량은 물론 탄수화물·단백질·비타민과 같은 모든 영양 성분의 섭취량을 정해놓고 이를 지키고자 관리한다(#총량밸런스). 먹는 즐거움과 건강, 두 마리 토끼를 모두 잡고자 하는 욕심 많은 소비자의 모습을 하나씩 살펴보자.

① 평균밸런스:
쾌락 추구 VS 건강 추구

'엽기, 폭탄 맛, 단짠단짠, 겉바속촉……' 맛에 대한 사람들의 갈증은 여전하다. 늘 새로운 맛에 도전하고, 요즘 유행하는 맛은 꼭 먹어봐야 직성이 풀린다. 하지만 맛있게 먹은 뒤에 따라오는 심리적인 죄책감도 무시할 수 없다. 이런 난감한 상황에서 사람들은 타협점을 찾는다. 이때 중요한 것은 "이 정도라면 괜찮겠지"라고 스스로를 납득시키는 심리적 안정감이다. 치킨을 먹으면서도 제로 콜라를 마시며 안심한다. 달콤한 디저트를 먹을 땐 소화를 돕는 저칼로리 건강 차를 곁들이고, 술자리를 피할 수 없다면 숙취 해소제를 미리 먹어 혈중알코올농도의 평균을 낮춰 취하는 것을 줄여보려는 식이다. 많은 사람들이 이처럼 쾌락 추구와 건강 추구의 양극단을 번갈아 가며 나름대로 '평균밸런스'를 맞춰나간다.

극단적인 맛에 열광하는 사람들

평균밸런스 트렌드에서 제일 먼저 주목해야 하는 현상은 현재 외식 시장에서 유행하는 '극단적인 맛'의 인기다. 음식에서 행복을 찾는 사람들은 점점 자극적인 맛을 찾고 있다. '매운맛'의 인기가 대표적이다. 배달의민족의 주문 데이터 분석에 따르면, 옵션에 '매움·맵기' 등 '매운맛'과 관련된 표현이 포함된 메뉴의 주문 수는 매년 꾸준히 증가하고 있다. 2022년에는 전년 대비 44.2%나 상승했고, 2023년에는 전년 대비 13.1% 더 상승했다.

옵션에 '매운맛'이 포함된 메뉴의 주문 수

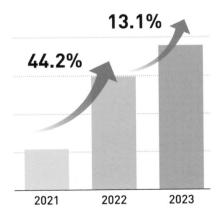

출처: 배민외식업광장ceo.baemin.com

'맵다'는 특징 하나만으로도 입소문을 타는 식당도 등장했다. 대전광역시 중구에 위치한 식당 '선화동소머리해장국'은 매운 실비김치 덕분에 SNS에서 유명한 '#실비김치챌린지'를 유행시키며 유명 식당으로 등극했다. 실비김치뿐만이 아니다. '신길동매운짬뽕', '송주불냉면', '온정돈까스' 등은 최근 뜨고 있는 매운맛 식당이다. 서울 영등포구에 위치한 신길동 매운짬뽕은 한국 청양고추, 중국 일초, 베트남 땡초 등 전 세계에서 매운맛을 내기로 유명한 각종 고춧가루를 넣어 음식을 만든다. 송주불냉면은 서울 양천구 신정동에서 매운맛으로 입소문을 타다가 전국에 60여 개 매장을 낼 정도로 유명해졌다. 서울 관악구 신림동에 있는 온정돈까스의 대표 메뉴 '디진다돈까스'는 심지어 너무 매워 미성년자나 65세 이상 노인에게는 주문을 받지도 않을 정도라고 한다.[1]

극단의 매운맛을 추구하는 움직임이 커지면서, 최근에는 '새로운 매운맛'을 찾는 사람들이 늘고 있다. 예전에는 그저 맵고, 짜고, 달다고만 분류됐던 맛들이 점차 세분화되는 것이다. 예컨대 '마라 맛'은 '저릴 마麻'와 '매울 라辣'라는 뜻 그대로 산초·고춧가루·팔각 등 다양한 향신료를 사용해 알싸하면서 혀가 얼얼해지는 매운맛을 뜻한다. 그런데 이 마

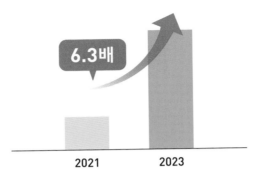

마라로제 맛 메뉴의 주문 수 증가

6.3배

2021   2023

출처: 배민외식업광장^{ceo.baemin.com}

라 맛이 최근에는 새로운 맛으로 분화하고 있다. 마라로제 와 같은 기존에 없던 매운맛이 등장하는 것이다. 배달의민족 에서 실시한 데이터분석에 따르면, 소비자들이 2023년 마라 로제 맛의 메뉴를 주문한 건수는 2년 전 대비 약 6.3배까지 증가했다. 더 새롭고 자극적인 맛을 찾으려는 움직임이 일고 있다.

극단적으로 달콤한 맛을 추구하는 흐름도 점차 강해지 고 있다. 하나만 먹어도 달달한 메뉴를 2~3개씩 이종 결합 해 극강의 단맛을 추구한다. 10~20대 사이에서 인기 있는 탕후루는 달콤한 과일 위에 녹인 설탕을 코팅해 굳힌 간식이다. 이런 탕후루의 인기가 채 가시기도 전에 훨씬 더 달콤한 디저트가 SNS에서 주목받고 있다. '롤업젤리'는 설탕에 색소를 가미해 얇게 펼친 젤리다. 둥글게 말아 먹는 젤리라고 해서 '롤업'이란 이름이 붙었다. 그런데 최근에는 이 롤업젤리를 그냥 말아서 먹는 것이 아니라, 아이스크림에 젤리를 감싸 먹는 '젤리쌈'이 유행한다. 딱딱한 젤리가 아이스크림 위에서 점차 캐러멜화되면서 부드러워지는 것이 특징인데, 개그우먼 김민경 씨는 본인의 유튜브 채널 '민경장군'에서 "아이스크림 위에 초콜릿 먹는 느낌"이란 후기를 남기기도 했다.[2]

음료 시장에서도 극한의 단맛과 고칼로리를 자랑하는 메뉴가 등장한다. 최근 한 온라인 커뮤니티에 알바생조차 만들기 힘들어 주문받기를 꺼린다는 메가커피의 '스모어 블랙 쿠키 프라페'가 소개됐다. 메가커피 측에 의하면 너무나도 고칼로리라서 카페 아르바이트생들한텐 '악마의 메뉴'로 불린다는 것이다. 2022년 11월, 겨울 메뉴로 선보인 이 음료는 진한 초콜릿 스무디에 블랙 쿠키와 마시멜로 잼까지 들어가 음료 1잔이 무려 596.1칼로리에 달한다. 이는 밥 두 공기에 버금가는 수준이다.[3] 한편, 일각에서는 달콤한 '치즈티'가 탕후루 다음으로 단맛 열풍을 이어갈 거라는 전망도 나온다.[4] 이러한 경향은 외국에서도 관찰된다. 태국 방콕에서는 밀크티에 '치즈폼'을 추가한 메뉴를 선보인 '노즈티nose tea'라는 브랜드가 큰 인기를 끌고 있으며, 중국 광저우에서 시작해 미국·호주·영국·캐나다 등에 매장을 운영 중인 치즈티 브랜드 '헤이티heytea·喜茶'도 2024년 상반기 한국 진출을 앞두고 있다.

먹는 즐거움과 건강 사이의 균형을 맞추기 위해선 어떻게 해야 할까?

건강한 음식으로 평균 맞추기

이처럼 자극적인 음식 유행의 이면에는 심리적인 죄책감이 따라오기 마련이다. 그걸 알면서도 자극적인 맛을 포기할 순 없다. 그래서 사람들은 식단의 균형을 맞추는 방법으로 마음의 타협점을 추구한다. 실제로 많은 사람이 자극적인 음식을 즐긴 뒤 건강식을 찾고 있다. 2023년 11월, 배달의민족에서 실시한 설문 조사에서 응답자의 약 81.4%는 "폭식하거나 자극적인 음식을 먹은 뒤 스스로 식단의 균형을 조절한다"라고 답했다.

때로는 끼니를 번갈아 가며 죄책감을 상쇄하기도 한다. 만약 자극적인 음식으로 한 끼를 먹었다면, 다음 끼니는 가벼운 음식을 선택한다. 전날 저녁에 곱창과 같은 무거운 음식을 먹었다면 다음 날 점심은 가벼운 샐러드를 찾는다. 아침·점심·저녁으로 나눠 식단의 균형을 맞추는 것이다.

> "과거에는 다이어트하는 시즌, 자극적인 걸 먹는 시즌이 따로 있었는데, 지금은 한 번 탕후루를 먹었다면 다음 끼니는 다이어트식으로 '모드'가 즉각적으로 바뀌는 느낌이에요."
>
> – 자체 FGD 20대 소비자 발화 중

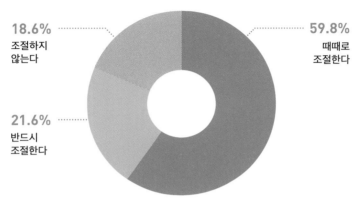

**폭식 및 자극적인 음식 섭취 후
식단 조절 여부**

18.6%
조절하지
않는다

59.8%
때때로
조절한다

21.6%
반드시
조절한다

출처: 배민외식업광장ceo.baemin.com

평균밸런스를 고려하는 식사 덕분에 채식에 대한 사람들의 인식도 변하고 있다. 환경보호와 동물 보호 측면에서 바람직한 식사로 여겨지던 채식 메뉴가 비로소 온전한 한 끼를 담당하는 메뉴로 자리 잡기 시작한 것이다. 최근 SNS에서 인기 있는 '#eattherainbow'는 채식 기반의 건강 식단을 공유할 때 자주 사용되는 해시태그다. 채소와 과일을 이용해 무지개 색상이 모두 들어가도록 식단을 짜는 것이 특징인데, 영양 측면에서 건강한 것은 물론이고 시각적으로도 매력적이어서 인기다.

샐러드의 인기가 높아지면서, 집에서 요리하는 샐러드의 콘셉트도 점차 다양해지고 있다. 예를 들어 기성 메뉴의 콘셉트를 접목시켜 샐러드를 재미있게 즐긴다. 베트남 스프링롤에 들어갈 법한 식재료를 하나의 볼에 담아 샐러드처럼 먹기도 하고, 심지어는 맥도날드 치즈버거 콘셉트의 샐러드를 만들어 먹는 사람도 있다. 사람들은 자신만의 '샐러드화化' 레시피를 SNS에 공유하며 샐러드 유행을 확산시켜 나간다. 샐러드와 식사의 경계가 흐려지면서 샐러드도 기존의 음식처럼 다채롭게 즐기고자 하는 니즈가 반영된 현상이다.

이런 변화는 외식 시장에 즉각 반영되어 나타나고 있다. '와로샐러드'·'샐러딧'·'샐러드박스'·'샐러디'·'샐러데이즈' 등 다양한 샐러드 전문 프랜차이즈 브랜드가 계속 등장하고 있다. 기존 외식 프랜차이즈에서도 샐러드를 별도 메뉴로 추가해 경쟁력을 높인다. 수제 버거 맛집으로 유명한 '힘난다버거'는 햄버거 브랜드 중 유일하게 슈퍼볼Super Bowl과 샐러드를 별도 메뉴로 추가했다. 서울 서초구 신논현역점의 경우 햄버거만 팔다가 샐러드 메뉴를 새로 도입한 이후 매출액이 40% 이상 상승했는데, 일대의 젊은 직장인들이 햄버거를 시킬 때 샐러드 메뉴를 함께 주문하면서 객단가가 껑충 뛰

> 채식의 목적이 다양해졌다. 환경 및 동물 보호는 물론, 개인의 건강
> 을 위한 온전한 한 끼 식사로 빠르게 자리 잡았다.

었기 때문이다.[5]

건강한 한 끼에 대한 관심이 커지면서 새롭게 부상하는

메뉴도 있다. 바로 포케Poke 다. 하와이 말로 '자른다'는 뜻

을 가진 포케는 참치·연어 등 날생선을 각종 채소·아보카도

등과 함께 즐기는 샐러드로 회덮밥과 비슷하다. 밥과 날생선

을 채소와 함께 섭취할 수 있어 채소만 먹었을 때 충족하기 어려운 포만감을 충족시킨다. 실제로 배달의민족 주문 데이터를 분석한 결과, '포케'의 주문 수는 2023년 기준 전년 대비 약 1.8배 상승한 것으로 나타났다. 이런 건강 메뉴가 이전에는 다이어트, 건강식 등 특수한 목적을 가진 식단이었다면, 이제는 누구나 한 끼 밥 대신에 선택하는 보편적인 음식으로 변하게 된 것이다. 최근에는 '폴인포케'·'슬로우캘리' 등 포케 전문 프랜차이즈도 등장하고 있어, 포케 자체가 외식 시장의 새로운 장르가 될 것으로 전망된다.

② 총량밸런스: 목표 달성을 위한 계획적인 식사

푸드밸런스 트렌드의 두 번째는 사람들이 건강한 식사를 위해 저마다 마음속에 넘지 말아야 할, 혹은 달성해야 할 음식이나 성분의 '목표치'를 정하고, 그 기준을 맞추기 위해 노력하는 '총량밸런스'다. 부족하지도 넘치지도 않게 매일매일 수치를 계산한다. 사람들이 식사의 총량을 맞추기 위해 실천하는 방식은 다양하다. 우선, 총량이 특정 수준을 넘지 않도록 제한해야 할 속성이 있다. 이를테면 하루에 최대 섭취할 수 있는 칼로리를 정해놓고 그것을 넘지 않도록 먹는 양을 제한하는 경우다. 다음으로, 총량 제한과 반대로 하루에 반드시 채워야 할 총량이 있다. 예를 들어 단백질·비타민 등의 일일 섭취량 목표치를 정해놓고, 먹을 음식의 영양 성분을 미리 파악하거나 섭취량을 기록해나가는 식이다.

총량 제한하기

2023년 11월, 배달의민족에서 실시한 설문 조사 결과에 따르면, 사람들이 식사와 건강의 균형을 맞추고자 하는 행동으로 '커피나 술의 양을 스스로 제한한다'는 답변이 41.9%(복수 선택)로 가장 높게 나타났다. 건강을 지키기 위해 몸에 해롭다고 생각되는 음식을 스스로 제한하는 것이다.

하루에 섭취하는 성분의 총량을 제한하고자 하는 움직임에 따라, 과다 섭취하면 해로운 성분들을 빼면서도 맛은 그대로 재현한 식음료 제품들이 인기다. 대표적인 사례는 최근

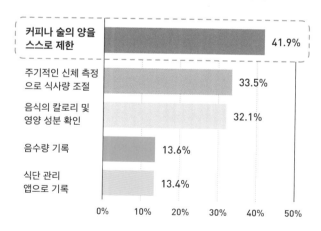

식사와 건강의 균형을 위해 실천하는 행동

- 커피나 술의 양을 스스로 제한: 41.9%
- 주기적인 신체 측정으로 식사량 조절: 33.5%
- 음식의 칼로리 및 영양 성분 확인: 32.1%
- 음수량 기록: 13.6%
- 식단 관리 앱으로 기록: 13.4%

출처: 배민외식업광장 ceo.baemin.com

식품 시장에서 불고 있는 '제로' 열풍이다. 식품산업통계정보시스템에 따르면 전 세계의 제로 슈거 식음료 시장 규모는 2022년 기준 약 22조 7,200억 원으로, 2027년까지 연평균 4.0% 성장할 전망이다.[6]

국내에서도 간식을 조금 더 가볍게 즐기고 싶은 사람들 사이에서는 제로 간식이 인기를 얻고 있다. 제로 칼로리를 대표하는 제로 콜라를 넘어서서, 각종 제로 탄산음료와 맥주 등이 출시되고 있다. 이런 변화는 데이터로도 확인되는데, 배달의민족 주문데이터 분석에 따르면, 제로와 관련된 메뉴의 주문 수는 2023년 기준으로 전년 대비 2.5배 늘었다. 음료뿐만 아니라 과자·젤리·아이스크림 등 다양한 분야에서

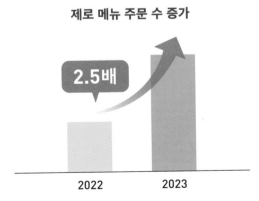

제로 메뉴 주문 수 증가

출처: 배민외식업광장 ceo.baemin.com

제로 간식이 등장한다. 심지어는 설탕 코팅이 주는 특유의 식감과 단맛 때문에 사랑받는 탕후루조차 설탕 사용을 없앤 레시피로 거듭나고 있다. 탕후루의 극단적인 단맛을 즐기고는 싶지만, 설탕 및 나트륨 과다 섭취에 대한 우려로 대체 감미료를 사용한 '무설탕 탕후루'가 틈새 인기를 얻고 있는 것이다.[7]

카페인을 없앤 '디카페인' 음료 시장도 빠르게 성장하고 있다. 요즘 사람들은 점심 식사를 마친 후 커피를 마셨다면, 오후 시간 방문한 카페에서는 차를 주문하거나, 만약 커피를 꼭 마시고 싶다면 디카페인 커피를 선택한다. 디카페인 커피의 주문량은 60% 이상이 오후 2시 이후에 몰린다고 하는데, 이러한 현상은 사람들이 하루에 마실 카페인의 총량을 스스로 조절한 결과라고 해석할 수 있다.

'알코올' 섭취도 총량을 관리해야 할 대상이다. 과거 무알코올 맥주는 '임산부용 술'이란 별명이 붙은 비주류 상품이었다. 이런 무알코올 맥주가 최근 주류 시장의 유망 제품으로 거듭나고 있다. 2023년, 미국의 전체 맥주 판매 성장률은 1% 수준에 불과했지만, 무알코올 맥주는 35%나 성장했다. 미국 식료품점 매출 기준으로 하이네켄·버드와이저를 제치고 가장 많이 팔린 맥주 역시 무알코올 맥주인 애슬레틱 Athletic인 것으로 나타났다. 심지어 '맥주의 나라'로 여겨지는 독일에서도 일반 맥주 소비는 줄었지만, 무알코올 맥주 소비는 늘고 있다.[8] 일본에서도 무알코올 맥주가 2022년 기준, 전체 시장의 10%를 차지하고 있다. 아사히·산토리 등 대형 주류 업체에서도 무알코올 제품의 매출 비중을 늘려가고 있으며, 심지어는 무알코올 칵테일과 주류만을 판매하는 바까지 등장했다.[9] 국내도 무알코올 맥주 시장이 향후 이와 유사한 궤적을 그리며 성장할 것으로 예상된다. 2012년 13억 원 규모에 불과했던 국내 무알코올 맥주 시장은 2023년 약 15배 성장한 200억 원대로 나타났으며, 2025년에는 이의 10배 규모인 2,000억 원 수준으로 성장할 것이라는 전망까지 나온다.[10]

'탄수화물'을 제한하는 식단도 인기다. 최근 SNS에서 화제가 되고 있는 서울아산병원 노년내과 정희원 교수의 '저속노화밥'은 '신경 퇴행성 질환을 늦추는 지중해식 식단'을 한국식으로 재해석한 것이다. 식단을 고려하지 않는 사람이 10년 늙을 때, 이 식단을 유지한 사람은 2.5년만 늙는다고 해서 '노화를 천천히 일으키는 식단'이란 의미로 사용된다.

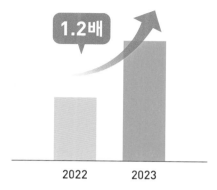

키토 메뉴 주문 수 증가

1.2배

2022   2023

출처: 배민외식업광장 ceo.baemin.com

저속노화밥은 밥이나 면 대신 렌틸콩·귀리·현미·백미를 혼합한 밥을 만들고, 반찬으로는 나물·채소와 약간의 동물 단백질을 곁들여 완성된다. '저속노화밥'이란 이름이 새롭기는 하지만, 사실상 잡곡밥에 달걀프라이, 간장을 조금 넣은 두부된장국, 밑반찬을 곁들이는 한국식의 다소 소박한 한 끼를 연상하면 이해가 쉽다.[11] 배달의민족 주문에서도 '키토keto(저탄수화물 고지방 식이요법)' 키워드가 들어간 메뉴의 주문이 2023년 기준 전년 대비 1.2배나 증가했다.

특정 음식에 대한 알레르기가 있는 사람들을 배려하는 식단도 부상한다. 달걀 대신 병아리콩과 두부를 사용하고, 일

'밀가루는 이제 그만!'
과거에는 비주류였던 글루텐 프리 식품들이 소비자의 선택
을 받고 있다.

반 우유 대신 아몬드 우유나 귀리 우유를 사용한다. 해외 시
장에서는 이미 일반적인 현상이다. 영국의 모든 슈퍼마켓에
는 '글루텐 프리Gluten Free(밀가루 없이 만든 식료품)' 코너가 별
도로 존재한다. 카페나 식당과 같은 음식점에도 밀가루가 첨
가되지 않은 음식을 주문할 수 있도록 별도 메뉴가 있다. 최
근 들어, 국내에서도 글루텐 프리 식당이 지속적으로 늘어나
고 있다.

비슷한 맥락에서 채식을 뜻하는 비건vegan 식당도 늘어나
고 있다. 함께 고기를 구워 먹는 회식 문화가 일반화된 한국

에서 사회생활을 하면서 비건을 실천하는 것이 쉽지 않은데, 코로나19 사태 이후 혼자 식사하는 문화가 조금씩 확산되면서 비건도 건강 식단으로 자리 잡고 있는 것이다. 서울 용산구 이태원의 비건 맛집 '플랜트'는 버터·달걀·우유·유제품 등 동물성 제품은 일절 쓰지 않는다. 비건 빵과 디저트를 판매하는 창업도 늘고 있다. 서울 이태원과 압구정, 두 곳에서 지점을 운영하는 '빵어니스타'는 '정직한 빵'이라는 뜻을 가진 비건 베이커리다. 밀가루 대신 쌀가루를, 사탕수수 설탕 대신 코코넛 슈거를, 우유·생크림·버터 등 유제품 대신 코코넛 밀크·귀리 우유·두유 등을 사용한다. 서울 송파구 송리단길에 위치한 '카페 페퍼'는 쌀로 만든 디저트를 판매한다. 글루텐 프리 종합 베이커리답게 스콘·파운드케이크·파이·쿠키까지 다양한 비건 디저트를 갖추고 있다.[12]

총량 달성하기

불필요한 성분을 제한하는 흐름과 함께, 몸에 꼭 필요한 성분은 빼기가 아닌 더하기로 총량을 달성하려는 경향도 관찰된다. 같은 음식을 먹어도 몸에 조금이라도 더 건강한 성분이 포함되었는지를 꼼꼼하게 분석하고 확인한다. 잠들기

직전까지의 음식 섭취로 하루에 목표로 한 필수 영양 성분을 다 채웠다면 미션을 완료한 셈이다. 덕분에 요즘은 음식의 '좋은 성분'에 집착하는 소비자가 늘고 있다. 단백질이 대표적이다. 신체 근력을 키우고자 근육량과 체지방을 늘리는 '벌크업Bulk Up'에 관심 있는 사람들은 단백질에 집착한다. 이들은 피자나 떡볶이 같은 음식을 즐길 때도 레시피에 '닭가슴살'을 추가해 먹는다. 커피를 마실 때도 프로틴과 같은 보충제를 추가해 즐긴다. 이런 변화를 반영한 식당도 등장한다. 예를 들어 서울 성북구 성신여자대학교 근처에 위치한 카페 '각자의취향'은 단백질 함량이 높은 독특한 커피 음료를 판매해 화제가 됐다. 아메리카노에 프로틴을 추가한 '머스큐라노', 탄산에 BCAA(필수아미노산 3종으로 구성된 보조제)를 넣은 '머스레이드' 등을 선보인 것이다.[13]

일상에서 총량밸런스를 잘 관리하기 위해서는 '측정'이 필수다. 사람들은 하루 동안 섭취한 음식·물·영양소를 체크하며 부족한 총량을 채우고자 노력한다. 초개인화 건강 관리 서비스를 제공하는 '필라이즈Pillyze'는 내가 먹은 식단의 탄·단·지(탄수화물·단백질·지방) 비율을 알려준다. 운동 시간·수분 섭취량·간헐적 단식 진행률을 알려주고, 영양제 섭취 여

| 칼로리나 영양소의 섭취량을 손쉽게 측정할 수 있는 서비스들이 등장해 총량밸런스 맞추기가 한결 수월해졌다.

부도 기록할 수 있다. 결과에 따라 맞춤형 영양제를 추천해 주며, 이를 언제 먹는 것이 가장 좋은지 일정을 짜주고 알림도 제공한다.[14]

다이어트 필수 앱으로 유명한 '인아웃'은 음식 섭취량과 영양소 등을 한눈에 파악할 수 있는 것은 물론, 다이어트 목표에 따라 앞으로 음식을 얼마나 더 먹어도 되는지도 알려줘 식단 관리를 보다 효과적으로 할 수 있도록 도와준다. 키토·비건 등 자신에게 맞는 식단을 선택하면 식단별 추천 칼로리와 섭취 비율도 알려준다.[15]

(어떠케어)는 하루 동안 먹은 음식 사진을 찍어 올리면 영양 성분의 양은 물론 칼로리까지 알아서 알려주는 앱이다. 단순히 주관적인 느낌으로 섭취량을 채우는 것이 아닌, 객관적 수치로 총량을 파악하고 목표를 지켜나가는 것이다.[16]

사람들은 배달 음식을 주문할 때도 메뉴판에 적힌 정보를 꼼꼼히 확인한다. 다른 사람이 올린 리뷰 사진을 보며 채소가 얼마나 포함되어 있는지 대략적인 양을 체크하기도 한다. 스타벅스는 2021년 앱을 리뉴얼하면서 칼로리·카페인·나트륨 등 제품 정보가 한눈에 들어오도록 화면 UI를 개선했다. 삼성전자 갤럭시 스마트폰에 기본 앱으로 탑재되어 있는 '삼성 헬스' 앱 역시 섭취한 음식 정보를 입력할 때 상세 브랜드까지 고려해 영양 정보를 더 정확하게 입력할 수 있도록 돕는다. '닭강정'을 예로 든다면 하림·멕시카나치킨·외갓집·피코크 등 다양한 브랜드를 선택할 수 있도록 배려해 정보의 정확성을 높이는 식이다.

건강은 중요하지만
맛도 포기할 수 없으니까

코로나19 팬데믹 이후 건강에 대한 사람들의 관심이 부쩍 커졌다. '건강관리' 키워드의 검색량 변화만 살펴봐도 이를 알 수 있다. 빅데이터 분석 서비스 썸트렌드를 활용해 온라

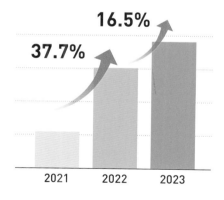

'건강관리' 검색량 변화

37.7%

16.5%

2021   2022   2023

출처: 썸트렌드 some.co.kr

메뉴 선택 시 맛과 건강 중
더 중요하게 생각하는 요소

맛
73.8%

건강
26.2%

출처: 배민외식업광장^{ceo.baemin.com}

인 버즈를 분석한 결과를 살펴보면, 2021년부터 2023년까지 '건강관리'라는 단어의 검색량은 매년 빠르게 증가하고 있다. 역설적인 점은 건강에 대한 관심이 이처럼 증가함에도 불구하고, 사람들은 좀처럼 맛을 포기하지 못한다는 사실이다. 이는 설문 조사 결과로도 나타나는데, 2023년 11월 배달의민족이 실시한 조사에서, 응답자의 73.8%가 "음식을 고를 때 건강보다 맛을 더 중요하게 생각한다"고 대답했다.

똑똑하게 나만의 건강 취식법 찾기

건강을 계량하고 측정할 수 있도록 지원하는 기술이 발전한 것도 '푸드밸런스' 트렌드에 영향을 준다. 전술한 것처럼 칼로리는 물론이고 알레르기 유발 물질이나 재료·양념·성분 등 음식 관련 정보가 충분해지면서 소비자는 이를 적극적으로 활용할 수 있게 되었다. 또 휴대용 혈당 측정기·가정용 염분 측정기·체지방 체중계·피하지방 측정기 등 개인이 사용할 수 있는 각종 측정 도구들도 구매하기 쉬워졌다.

이러한 도구의 도움을 빌려 사람들은 자신에게 가장 맞는 건강 취식법을 찾아 나선다. 예컨대 음식을 먹을 때마다 해당 음식이 자기 혈당을 얼마나 올리는지 일일이 체크하며 섭취량을 관리하는 식이다. 또 취식 순서나 방법을 바꿔가면서 자신에게 가장 맞는 취식법을 찾기도 한다. 예를 들어 채소를 먼저 먹고, 고기와 생선을 즐긴 후, 밥을 가장 마지막에 먹는 등 먹는 순서를 조정하는 '거꾸로 식사법'을 실천하는 것이다.[17] 이는 모두 건강을 지키면서도 좋아하는 음식을 포기하지 않으려는, 건강과 맛있는 음식 사이에서 '자신만의' 푸드밸런스를 지키려는 노력으로 이해할 수 있다.

"저는 흰쌀밥을 먹으면 체중이 늘어나더라고요. 제가 직접 경험을 해보니까 저는 흰쌀밥하고 라면을 먹으면 몸무게가 완전히 늘어나요. 오히려 치킨 같은 배달 음식을 시켜 먹었을 때 좀 덜 나가요."

– 자체 FGD 30대 소비자 발화 중

"요즘은 건강을 돈으로 확인할 수 있어요. 인바디도 있고, 혈당을 측정할 수도 있고요. 실제로 남편이 떡볶이 맛 닭가슴살과 햄버거를 먹은 뒤에 비교해봤는데 햄버거의 혈당 스파이크(식사 후 혈당이 급격히 치솟았다 다시 떨어지는 현상)가 더 낮다는 거예요. 그래서 햄버거가 자기 몸에는 더 맞다고."

– 자체 FGD 40대 소비자 발화 중

식사에 대한 고정관념이 사라진 것도 푸드밸런스 트렌드에 영향을 준다. 예전에는 집에서 만들어 먹는 밥은 '건강식'이고, 외식이나 배달은 '자극적인 음식'이란 이분법적 사고가 강했다. 그런데 요즘은 꼭 그렇지도 않다. 인터뷰에 응해준 30대 여성 소비자는 본인이 직접 요리할 때 음식을 좀 더 짜게 하거나 달게 만드는 경우가 많아, 본인의 요리가 엄마가 해주시던 집밥만큼 건강하게 느껴지지 않는다고 설명했다. 오히려 외식 시장과 배달 시장, 심지어는 편의점에서 채식 등의 건강 메뉴를 더 쉽게 찾아볼 수 있게 되었다. 이제 건강한 음식이란 직접 만들어 먹느냐 아니냐의 문제가 아니라, 스스로 건강한 식단의 균형을 맞추느냐 아니냐의 문제로 치환되고 있다.

사장님을 위한
트렌드 활용 팁

맞과 건강 사이의 균형을 갖추고자 하는 '푸드밸런스' 트렌드를 사장님들은 어떻게 활용할 수 있을까?

숫자로 확인할 수 있는 음식 정보 제공

첫째, 음식 관련 정보를 보다 더 상세히 제공해야 한다. 음식의 양이나 맛의 강도뿐만 아니라, 칼로리·영양 성분·알레르기 유발 성분 등 음식에 대한 정보를 최대한 자세히 표기하는 편이 좋다. 배달의민족 앱을 사용하는 프랜차이즈 사장님이라면 등록 메뉴에 이런 정보를 구체적으로 입력할 수 있다. 고객 역시 앱에 나와 있는 상세 정보를 클릭만 하면 필요한 정보를 얻을 수 있어 편리하다. 손님의 작은 고민을 이해하는 것만으로도 가게의 호감을 높일 수 있다.

재료와 섭취량까지 고객의 입맛대로

둘째, 맛있는 음식을 먹으면서도 안심하고 싶은 소비자를 위해 음식과 관련된 선택지(옵션)를 다양화해야 한다. 설탕·소금 등 조미료의 종류와 음식량을 선택할 수 있도록 제안하는 것은 기본이다. 여기에 다양한 맛 취향과 영향 균형까지 고려한 메뉴를 옵션으로 선보인다면 더욱 좋다. 탄수화물 섭취를 고민하는 고객을 위해 일반적인 빵뿐만 아니라, 호밀빵·글루텐 프리빵 등 빵 종류를 다양화할 수 있다. 빵에 들어가는 속 재료도 다양하게 제안하여 소비자가 마음껏 선택하도록 만들 수 있다. 맛의 균형을 고민하는 고객을 위해 맛 단계를 좀 더 세세하게 나누는 것도 좋은 팁이다. 예컨대, 매운맛도 단순히 순한 맛·보통 맛·매운맛의 3단계가 아닌, 1~5단계로 더 세분화한다면 손님의 만족도가 한층 높아질 것이다.

우리 가게만의 제로 메뉴 만들기

셋째, 건강을 염려하는 소비자를 위해 우리 가게만의 '제로 메뉴'를 추가할 필요가 있다. 설탕을 없앤 '제로 콜라', 카페인을 줄인 '디카페인 커피', 알코올이 0%인 '무알코올 맥주' 등을 메뉴에 추가하는 것도 적극적으로 고려해야 한다. 저당 고추장이나 알룰로스alluose와 같은 설탕 대체재를 사용해 '더 건강한 제육볶음' 메뉴를 선보일 수도 있을 것이다. 커피 전문 매거진 《월간커피》에 따르면, 그동안 업장용 대체 감미료나 부재료 제품이 없어, 일반 카페에서는 공산품이 아닌 제로 음료나 디저트를 좀처럼 찾아보기 어려웠다. 그러나 2023년 상반기를 기준으로 동서의 '리치스 제로 에이드 파우더', 모닌의 '제로 시럽' 등 업장용 대체 감미료가 출시되면서 카페 업계에서도 본격적인 '제로 음료' 경쟁이 시작될 전망이다.[18] 이를 활용해 우리 가게만의 제로 메뉴를 새롭게 꾸며보자.

세계적 석학 유발 하라리는 그의 저서 《호모 데우스》(김영사, 2017)에서 "21세기를 살아가는 사람들은 가뭄·에볼라·알카에다의 공격으로 죽기보다 맥도날드에서 폭식으로 죽을 확률이 훨씬 높다"고 경고한 바 있다.[19] 그럼에도 불구하고 맛있는 음식은 이 세상에서 절대 사라지지 않을 것이다. 그러므로 반드시 기억하라. 그 욕망을 건강하게 충족시킬 수 있는 당신만의 방법을 찾아야 한다는 사실을.

핵심 요약
푸드밸런스

🔍 평균밸런스

요즘 소비자는 '엽기, 폭탄, 단짠단짠'처럼 자극적인 맛에 여전히 열광하면서도 그 자극이 불러오는 죄책감을 없애려 노력한다. 양념을 잔뜩 바른 치킨을 먹을 땐 제로 콜라를 함께 마시고, 혀가 아릴 만큼 달달한 디저트를 먹을 땐 저칼로리 건강 차를 곁들이는 식이다. 채식 식단과 샐러드, 포케 등의 메뉴가 각광받는 것도 이러한 맥락에서다. 쾌락 추구와 건강 추구라는 양극 사이에서 마음의 밸런스를 맞추고 안정감을 찾으려는 심리다.

🔍 총량밸런스

마음속으로 '넘지 말아야 할', 혹은 '달성해야 할' 음식이나 성분의 목표치를 미리 정해두는 소비자도 늘고 있다. 예컨대 카페인이나 칼로리, 과당처럼 많이 섭취했을 때 불건강한 요소는 스스로 제한하고 조절해야 할 대상이다. 이에 따라 제로 음료, 디카페인 음료를 넘어 이제는 무설탕 탕후루까지 등장했을 정도다. 반면 '탄·단·지'의 비율이 완벽한 식단이나 단백질이 풍부한 음식은 무조건적으로 사랑받는다. 최근에는 하루 동안 섭취하는 물과 음식, 영양소를 체크해주는 앱들도 선풍적인 인기를 끌고 있다.

사장님! 이것만은 꼭!

☑ 양극단 사이의 밸런스 심리 이해하기

트렌디하고 자극적인 메뉴를 주력으로 하는 사장님이라도, 요즘 소비자들의 '평균밸런스 심리'를 헤아려야만 한다. 손님들은 '맵·단·짠'을 사랑하는 만큼이나 자주 죄책감에 시달린다. 코울슬로나 미니 샐러드, 제로 음료를 메뉴판에 추가해보는 건 어떨까?

☑ 숫자로 확인되는 정보 제공하기

칼로리와 영양 성분을 꼼꼼하게 살펴보는 손님이 부쩍 늘었다. 숫자로 확인 가능한 정보를 제공하여 손님들의 선택을 돕자. 제로 칼로리나 단백질이 풍부한 메뉴를 강조하는 것도 좋은 방법이다.

☑ 재료와 섭취량에도 옵션 부여하기

설탕·소금 등의 조미료를 조절해 먹는 '덜 달게', '덜 짜게', '덜 맵게' 옵션을 제공함으로써 우리 가게의 호감도를 올릴 수 있다. 매콤한 음식을 판매한다면, 맵기 옵션을 5단계로 잘게 나눠보자.

☑ 제로, 무조건 도입하기

각종 제로 메뉴는 이제 트렌드를 넘어 외식 시장의 표준으로 자리 잡았다. 음료 냉장고의 한편에 반드시 '제로'를 채워두도록 하자. 카페라면 디카페인 옵션, 주점이라면 무알코올 옵션을 고려해야 한다. 우리 가게만의 제로 메뉴를 개발하는 것도 좋은 선택이다.

KEYWORD 4

주인장
브랜딩

오늘도 유난히 힘든 하루였다. 겨우 일과를 마치고 집으로 돌아가는 길, 무언가 채우고 싶은 것은 단지 배고픔만은 아닐 것이다. 하루가 아니라, 인생이 고단하다고 느낄 때, "가끔은 집에 곧장 들어가고 싶지 않아 다른 곳에 들를 때도 있다." 당신이라면 어디에 들러 그 허전함을 달래겠는가? 일본 드라마 〈심야식당〉에 나오는 곳 같은 '참새 방앗간'이 내게도 있었으면 좋겠다는 생각이 간절하다. 심야식당. 이 이름도 평범한 '밥집めしや'에 저마다 인생의 무게를 짊어진 사람들이 일을 마치고 하나둘씩 찾아드는 이유는 메뉴 때문도, 맛 때문도 아니었을 것이다. 바로 그 가게의 주인장, '마스터' 앞에 앉기 위해서다. '심야식당'의 존재 이유는, 사람들의 이야기를 묵묵히 들어주며 달걀을 말아주는 그 한 사람, 바로 주인장이 아닐까?

음식점을 고를 때 고려하는 기준은 여러 가지다. 음식의 맛, 처음 보는 새로운 메뉴, 혹은 매장 인테리어 같은 것이 대표적이다. 그런데 외식 업계 수준이 상향 평준화되면서 웬만한 음식과 서비스로는 차별화가 어렵게 되었다. 이러한 상황에서 소비자들이 식당을 택하는 새로운 이유가 등장했다. 바로 가게를 운영하는 '주인장', 즉 사장님을 보고 가게를 택하는 것이다. 자기만의 콘셉트로 동네 단골을 하나둘씩 늘려 가는 사장님, 본인의 전문성을 바탕으로 SNS에 수많은 팬을 거느린 사장님 등 가게 주인장의 개성과 매력이 그 식당을 방문해야만 하는 중요한 이유가 되고 있다. 실제로 외식을 할 때 음식이 아니라, 사장님을 따라 식당을 선택한다는 고객들의 비중이 늘어났다. 배달의민족 앱에서 자체 진행한 설문 조사에 따르면 전체 응답자 중 59.9%가 "사장님의 철학·취향·운영 방식이 마음에 들어서 식당을 방문한 적이 있다"라고 답했다.

흔히 특정 상품이나 기업이 경쟁자와 구별되는 정체성을 확립하고 그것을 소비자에게 인식시키는 일련의 과정을 '브랜딩'이라 부른다. 큰 기업뿐 아니라 외식 업계 소상공인의 작은 가게에도 브랜딩이 중요해지는 가운데, 주인장 개인의 개성과 철학이 곧 가게의 브랜딩이 되는 현상이 자주 관찰된다. 《대한민국 외식업 트렌드 Vol.2》에서는 이처럼 가게를 운영하는 사장님만의 개성과 철학, 이를 바탕으로 한 차별화된 서비스와 소통이 곧 가게의 브랜드로 작용하는 현상을 '주인장 브랜딩'이라 명명한다. 주인장 브랜딩은 어떤 주인장을 지향하는가에 따라 크게 두 가지 유형으로 나눌 수 있다.

주변 지역과 소비자를 정확히 파악하고 그에 맞는 브랜딩을 추구하는 '동네밀착형 주인장'과 사장님 개인을 브랜딩하고 이를 SNS 등을 통해 널리 알려 소비자가 멀리서도 찾아오게 만드는 '국민셀럽형 주인장'이다. 지금부터 주인장 브랜딩에 성공한 사장님들의 이야기를 살펴보자.

①
동네밀착형 주인장

모든 지역은 동네 특유의 분위기가 있다. 그곳에 사는 사람, 혹은 모여드는 사람이 다르기 때문이다. 김치찌개라는 같은 메뉴를 팔더라도 동네 특성에 따라 소비자들이 원하는 김치찌개는 조금씩 다를 수 있다. 심지어 한 동네에서도 여러 가게가 경쟁하고 있다면 소비자들은 '나와 핏fit이 맞는 가게'를 찾는다. 이런 상황에서는 모든 사람을 고객으로 생각하는 '무난한' 가게가 아니라, "이런 고객만큼은 놓치지 않겠다"는 사장님만의 색깔이 돋보이는 가게가 고객의 발길을 붙잡을 수 있다.

사장님 성향 따라, 골라 가는 맛집
젊은이들의 '힙플'로 유명한 서울 성동구 성수동에 위치한

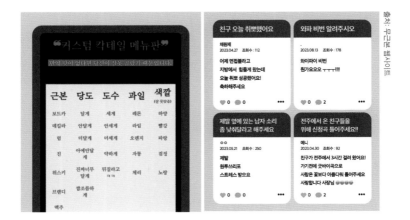

> '무근본' 웹사이트에는 고객이 의견을 남길 수 있는 게시판
> 이 있다. 직원들은 게시판을 확인한 뒤 실시간으로 고객들
> 의 요청 사항을 해결해준다.

칵테일 바 '무근본'. 이곳 사장님의 목표는 '고객이 하고 싶
은 것을 마음껏 하게 해주는 것'이다. 메뉴판은 그 정체성을
가장 잘 보여준다. 메뉴판에 칵테일 이름이 적혀있지 않고
보드카·럼·위스키 등 '근본(베이스)'부터 칵테일의 당도·도
수·색깔까지 소비자들이 원하는 대로 주문할 수 있다. 메뉴
뿐만 아니라 가게에서 요청할 수 있는 것도 무척 다양하다.
가게 웹사이트에는 "생일 축하 노래 불러주세요"부터 "와이
파이 비밀번호 알려주세요"까지 크고 작은 요청이 올라오는
데 사장님과 직원들은 실시간으로 요청에 응답하고 사연을

읽어주며 분위기를 띄우기도 한다. 그래서인지 이곳에는 흥이 넘치는 외향형 손님들이 주로 모인다. 실제로 이곳에 다녀온 사람들은 "대문자 E(극외향형의 사람)만 살아남을 수 있습니다!"라는 팁을 남길 정도다.

반대로 조용한 시간을 보내고 싶은 사람들을 위한 식당도 있다. 서울 광진구 건대입구역 근처 골목에 위치한 '서울낙업'의 사장님은 숨겨진 골목의 조용한 이자카야를 지향하며 '과하지 않은 친절'을 유지한다. 이곳 사장님은 "이전에 운영하던 매장부터 찾아와주시는 단골이 있지만 일부러 아는 척을 하지 않는다"고 말한다. 사장님 스스로도 다른 곳에서 가게 주인이 말을 거는 것을 별로 좋아하지 않기 때문이다. 그렇다고 고객에게 무심한 것은 아니다. 대신 메뉴판 맨 아래 칸에 밴드·연고·담요 등 요청 시 제공 가능한 생필품 목록을 적어둔다. 사장님이 다가가는 서비스를 부담스럽게 여기는 손님은 이러한 방식을 세심한 배려로 여길 수 있다. 서울 서초구에 위치한 요리주점 '낯'은 '주인이 낯 가리는 요리주점'으로 가게를 소개한다. '조용한 혼술'을 콘셉트로 필요한 말만 건네며, 공휴일에는 "아무도 안 오면 상처받을까 봐 쉬어간다"며 이곳만의 색깔을 유지한다. 내성적인 사장님이 어색하게 대화를 이어가는 것보다, 주인장의 내향성을 가게의 정체성으로 삼아 그런 분위기를 선호하는 소비자들이 자연스레 찾아오도록 일관된 '페르소나'를 지키는 것이다.

매장 분위기를 주변 지역에 맞춰 정한 사장님도 있다. 경기도 화성 동탄신도시에 위치한 '이정닭갈비'의 사장님은 매장이 신도시에 위치한 만큼 젊은 3040 세대의 소비자들이 가게를 많이 찾는다는 점을 고려하여 '청년들이 활기차게 일하는' 콘셉트로 평범한 닭갈빗집과 자신의 가게를 차별화하고자 했다. 이를 위해 사장님이 직접 응대할 때뿐만 아니라, 항상 활기찬 매장을 유지할 수 있도록 함께 일하는 직원들을 중요하게 생각했다. 구인할 때부터 MBTI 유형으로 인재상을 표현하여 'ESTJ & ENTJ 대환영'이라고 적기도 하고, SNS에 직원들이 일하는 모습을 담은 사진을 올려 지원자에게 충분한 정보를 제공하기도 한다. 또한 사훈인 "지치지 마"라는 문구와 직원들의 캐리커처를 그려 넣은 스티커 굿즈를 특별 제작하기도 했다. 이런 남다른 분위기로 방문한 고객들이 주인장의 에너지를 오래 기억할 수 있도록 한 것이다.

센스 만점, 고객의 취향을 저격하는 작은 배려

배려가 사장님의 콘셉트가 된 곳도 있다. 인천광역시 서구 석남동에 있는 이자카야 '감성연어'는 가게 이름에 걸맞게 감성으로 고객에게 다가가는 식당으로, 사장님이 고객 한 명한 명을 기억하고 맞춤화된 서비스를 제공하는 것이 특징이다. 예를 들어 고객의 생일을 기억해두었다가 생일날 방문하면 파티용품을 꺼내기도 하고 고객이 좋다고 말한 노래를 기억하여 재방문 시 그 노래를 틀어주기도 한다. 테니스를 좋아하는 단골 커플 손님에게는 "지나가다 생각나서 샀다"라며 테니스 키링을 선물해 감동을 선사하기도 했다. 이러한 서비스 덕에 감성연어의 전체 매출 중 단골이 차지하는 비중은 30%에 이른다. 방문 후기에는 "사장님이 내 취향을 기억해서 놀랐다", "서비스가 최고다"라는 반응이 가득하다.

어린아이들이 많은 동네라면 사장님의 어떤 맞춤 배려가 필요할까? 대구 수성구에 위치한 브런치 가게 '마마플레이트'의 사장님은 초·중·고등학교 6개가 밀집한 동네에 가게를 열면서 엄마와 아이들을 위한 공간을 만들고자 했다. 판매하는 모든 메뉴에 화학 보존제를 첨가하지 않고 유기농 설탕을 사용하는 등 건강한 식사를 판매하는 것뿐만 아니라, 학교가 일찍 끝난 아이들이 혼자 있거나 방황하지 않도록 '우리 동네 돌봄 프로젝트'를 운영하는 것이 대표적이다. 이 프로그램에 참여하는 아이들은 방과 후 간식을 먹으며 돌봄 선생님의 지도하에 학교 숙제를 하거나 그림책을 읽는 활동 등을 할 수 있다. 이러한 프로그램을 통해 브런치를 판매하는 단순한 식당을 넘어, 마을에 없어서는 안 될 지역공동체이자 커뮤니티 공간으로 거듭나고 있다.

②
국민셀럽형 주인장

최근 외식업 운영에서 가게의 입지보다 더 중요한 것은 온라인상에서의 존재감이라 해도 과언이 아니다. 《동아일보》가 SM C&C 설문 조사 플랫폼 틸리언 프로를 통해 조사한 바에 따르면, MZ세대 소비자의 58%는 가고 싶은 곳을 고를 때 "온라인으로 검색하여 새로운 곳을 찾아간다"라고 응답했다. 이에 반해 "지나가다 보이는 곳에 들어간다"라는 응답은 17%에 불과했다. 그만큼 SNS를 통해 가게의 존재를 알리고 소비자와 직접 소통하는 것이 중요해졌다.

주인장 브랜딩의 두 번째 유형은 음식에 대한 열정이나 운영 철학, 자신만의 독특한 취향을 온라인으로 널리 알려 '쩝쩝박사'들 사이에서 셀럽과 같은 존재가 된 '국민셀럽형 주인장'이다. 사장님 스스로가 인플루언서가 되어 팔로워를 모으고 팔로워들은 사장님에 대한 팬심을 바탕으로 멀리서도 고객이 되어 가게를 찾아온다. 그런데 이미 온라인상에서 활동 중인 인플루언서가 넘쳐나는 상황에서 단지 화려한 음식 솜씨나 경력만으로는 소비자를 팬으로 만들기 어렵다. 먹는 것에 진심인 요즘 소비자들을 반하게 만든 사장님들의 매력은 무엇일까?

고객을 감동시키는 비결: 열정, 솔직함, 전문성

첫 번째는 감동을 줄 정도의 열정이다. 대기업 총수며 유명 연예인도 그의 바비큐를 먹기 위해 어렵게 찾아온다는 유용욱 소장이 대표적이다. 현재는 '이목 스모크 다이닝'을 운영하는 유용욱 소장은 첫 번째 식당이었던 '유용욱바베큐연구소'를 열기 전부터 바비큐에 대한 열정만으로 팬을 모았다. 그는 대기업 회사원으로 직장을 다니면서도 주말마다 가족 농장에서 10시간 넘게 불을 지피며 바비큐를 굽고 지인들을 초대했는데, 그로부터 6년의 세월이 흐르는 동안 자연스럽게 입소문이 났다. 전문 요리사가 아님에도 그의 바비큐를 먹게 해달라는 사람이 많아지면서 그는 회사를 그만두고 바비큐 전문점을 차리기에 이르렀다. 현재 식당이 확장 이전하게 된 것은 물론, 식품 기업과 협업하여 바비큐 요리용 소스 제품을, 샌드위치 프랜차이즈 에그슬럿eggslot과 협업하여 한정판 메뉴를 출시하는 등 그만의 바비큐 세계를 넓혀가는 중이다.

솔직함에서 비롯되는 신뢰도 사장님만의 브랜딩으로 연결될 수 있다. 일식당 '스시코우지'의 대표이자, 구독자 40만 명이 넘는 유튜브 채널 '코우지 TV[일일일식]'을 운영하는 나카무라 코우지中村 浩治 셰프가 사람들을 모으는 매력은 한마디로 '솔직함'이다. 그의 채널에서 90만 뷰가 넘는 인기 동영상은 그가 경영하는 외식 기업 '스시코우지 그룹'의 각 매장을 직접 방문하여 시식하고 냉철한 평가를 내리는 영상들이다(구독자 및 조회 수는 2024년 3월 기준). 예를 들어, "이게 10만 원이라고? 혼나야겠는데?"라는 제목의 영상(조회 수 91만 회)에서는 그룹 중 한 매장의 저녁 코스 가격이 인상되자 "그만한 값어치를 하는지 보겠다"라며 직접 먹어본다. 영상에서 그는 전문가의 눈으로 잘한 것과 부족한 것을 세세하게 짚어주면서도 "코스가 끝났는데 아직 배가 안 찼다"라며 솔직한 소감을 전했다. 이처럼 철저히 고객의 입장에서 내리는 평가에 시청자들은 자연스레 신뢰감을 갖게 된다.

출처: 코우지 TV(일요일요식) 유튜브 채널

자기 식당이라고 해서 그럴듯하게 좋은 말만 해서는 안 된다. 자신이 운영하는 식당의 지점을 돌며 냉철한 평가를 하는 영상으로 고객들에게 신뢰를 주는 코우지 셰프의 영상들.

10년이 넘는 세월에 걸친 전문성으로 자신만의 브랜드를 구축한 사장님도 있다. '몽탄'·'고도식'·'카린지' 등으로 널리 알려진 정동우 대표는 외식업 창업 이전부터 '바비정'이라는 이름으로 이미 유명했던 맛집 블로거였다. 그는 대학생 때부터 바비정이라는 퍼스널 브랜드를 구축하기 위해 맛집을 소개할 때도 맛과 서비스를 평가하는 평범한 내용 대신, 상권이나 문화에 대한 이야기를 담아 내용을 차별화했다. 이후에도 그는 외식 전문 잡지사의 기자, 외식 컨설팅 업체의 대표 등 외식업에 관한 커리어를 차근차근 쌓아가며, 이를 통해 확립한 그만의 노하우로 식당을 창업했다. 이제는 그가 "다음 아이템을 기획 중"이라고 말만 해도 팬들이 큰 기대를 할 정도이다.

주인장의 철학과 세계관에 빠져든 사람들

음식에 대한 콘텐츠만이 아니라, 사장님의 철학과 세계관이 손님을 끌어당기기도 한다. 항상 줄이 길게 늘어서는 곳으로 유명한 '런던 베이글 뮤지엄'을 만든 이효정 대표는 인스타그램 팔로워가 6.4만 명이 넘는 인플루언서이기도 하다 (2024년 3월 기준). 20년 넘게 패션 업계에 몸담았던 그는 자신의 SNS에 OOTD Outfit Of The Day 와 함께 그날그날 든 생각의 단상을 시처럼 적어 업로드한다. 얼핏 보기에는 스타일링에 진심인 20대의 젊은 사장님처럼 보이지만, 사람들은 그의 실제 나이가 50대라는 사실에 한 번 놀라고 그가 적는 인생에 관한 글귀를 읽고 연륜에 감탄하며 또 한 번 놀란다. "나다움을 지키자"는 그의 철학은 그가 운영하는 매장에도 고스란히 반영되어 있다. 매장 벽면 곳곳은 물론, 머그잔과 냅킨에 이르기까지 다양한 요소에 그가 직접 그린 그림과 글귀가 반영되어 있는데, 예를 들면 "Everything will be fine because you are you"와 같은 글귀이다. 이효정 대표만의 공간을 좋아하는 사람들이 많아지면서 '카페 레이어드', '런던 베이글 뮤지엄', '아티스트 베이커리'까지 주인장의 세계관을 넓혀가고 있다.

출처: 카페 레이어드 인스타그램

주인장의 스타일이 고스란히 반영된 매장 인테리어와 소품 역시 팬들을 끌어들이는 요소 중 하나다.

사장님의 메시지는 의외의 팬심을 낳기도 한다. 카페 '크림커넥션'과 동명의 유튜브 채널을 운영하는 윤태현 대표는 팬층이 독특하다. 일반 소비자들은 물론 카페 사장님들 또한 그의 채널을 구독하고 있다. 크림커넥션 유튜브 채널에는 눈과 귀가 즐거워지는 음료 제조 영상이 주로 올라오는데, 영상 중간에 카페를 운영하며 겪는 어려움이나 이를 이겨나가

크림커넥션 Cream connec... 🔊 🔍 ⋮

동영상　Shorts　라이브　재생목록　**커뮤니티**

크림커넥션 Cream connection
3개월 전　⋮

어제는 중국에서 오늘은 거북섬에서 오신 분과 함께
카페창업 클래스를 진행 했습니다.
11월 수업이 막바지로 달려가고 있는중 입니다.
올해 마지막 수업이라 그런지 클래스를 신청하시기전에
전국 각지에서,그리고 해외에서 저희 카페를 방문해주시는
분들이 많네요
올해 마지막 수업을 함께 진행하실분 1명만 더 받고 클래스
는 마감 하도록 하겠습니다.
다음달 부터는 미국 출장을 떠납니다!
어딜가도 제가 만든 커피를 먹을 수 있는 날이 정말 얼마 남
지 않은거 같네요 ㅎㅎ
항상 많은 관심 가져주셔서 감사합니다 🙇
자세한 사항은 블로그 참고해주시면 감사하겠습니다 ㅎㅎ
블로그 : https://blog.naver.com/msttyncatt/223...

> 유튜브와 SNS는 식당 운영이나 음식에 관한 주인장의 철학
> 을 전하고 고객들과 소통하기에 매우 효과적인 수단이다.

는 마음가짐, 그리고 동종 업계 사장님들을 향한 응원의 메
시지가 전해지며 그만의 소소한 감성이 묻어나기 때문이다.
덕분에 영상을 보며 힐링하러 오는 일반 구독자뿐만 아니라,
그의 메시지에 공감하는 카페 사장님들, 나만의 카페 창업을
꿈꾸는 예비 사장님들이 조금씩 늘어나 2024년 3월 현재는
구독자 수 9만 명을 돌파했다. 덕분에 윤태현 대표에게는 카
페 창업 및 운영 컨설팅이라는 새로운 직업도 생겼다고 한다.
　본인이 직접 SNS 활동을 하지 않아도, 사장님이 몸소 보
여주는 꾸준한 운영 철학이 소비자들에게 인정받아 전국적

으로 유명해지는 경우도 있다. 2015년부터 한 자리를 지키며 유명해진 '동대문 할아버지 크레페'는 말 그대로 서울 중구 동대문역사문화공원역 앞에서 사장님 한 분이 크레페를 판매하는 노점을 부르는 명칭이다. 이전부터 저렴한 가격에 푸짐한 내용물로 유명했지만, 최근에는 사장님의 철저한 위생 관리를 조명한 콘텐츠가 SNS에서 여러 차례 공유되며 다시 주목을 받았다. 많은 사람들은 노점에서 파는 음식을 먹을 때 위생 문제를 우려한다. 이때 고객들이 안심하고 먹을 수 있도록 크레페 하나를 만들 때마다 일회용 장갑을 바꾸고 철판을 닦아가며 크레페를 만드는 주인장의 모습이 소비자들에게 강한 인상을 남긴 것이다.

사장님과의 상호작용까지가 외식 경험의 완성

그렇다면 소비자들은 왜 단순히 맛있는 음식을 찾는 것을 넘어서 주인장의 개성과 철학을 중요하게 생각하는 것일까? 2023년 시장조사 전문 기업 마크로밀 엠브레인의 설문 조사 결과에 따르면, 1,000명의 응답자 중 절반이 넘는 51.9%가 파인 다이닝이나 오마카세와 같은 고급 레스토랑을 방문한 경험이 있다고 답했다.[1] 달리 말하면, 고급 레스토랑에서 제공하는 고객 맞춤형 서비스를 경험한 소비자들이 그만큼 많다는 의미다. 특히 '오마카세'라고 불리는 맞춤 바bar 다이닝 형태가 일식뿐 아니라 양식이나 카페 등 다른 외식 업종으로 확산되면서 사장님과의 상호작용을 외식 경험의 일부로 기대하는 사람이 많아졌다. 실제로 앞서 언급한 스시코우지를 다녀온 사람들은 코우지 셰프의 유쾌한 입담 덕분에 그날의 식사가 더욱 즐거웠다는 후기를 남기기도 한다.

외식과 관련하여 앱이나 플랫폼 사용이 늘어나고 가게에 대한 온라인 정보와 리뷰가 많아진 것도 영향을 미쳤다. 음식 외에 분위기나 서비스 등 여러 가지 요소를 꼼꼼히 확인할 수 있게 된 것이다. 소비자들은 단순히 '가장 맛있는 집', '가장 저렴한 집'이 아니라 사장님이 남긴 소개 글이나 SNS 게시물, 리뷰에 남긴 사장님의 댓글까지 확인하며 만족스러운 외식 경험이 될 수 있을지 판단하고자 한다('식별력' 참조). 실제로 서울 송파구에서 디저트 가게 '키쿠'를 운영하는 사장님은 인터뷰에서 댓글도 소비자들에게 가게 이미지를 보여주는 중요한 수단이 되었기 때문에 어렵지만 많이 신경 쓰는 부분이라고 밝혔다.

'사장님 댓글'도 최신 댓글이 얼마나 많은지가 중요해요. 오래된 댓글만 있는 게 아니라 최근에 얼마나 글이 올라왔는지가 생동감 있게 느껴져서 중요한 것 같아요. 한 분 한 분 집중해서 댓글을 다는 게 쉽지는 않아요. 다 고민을 해서 달아줘야 하니까요.

― 디저트 가게 '키쿠' 사장님 인터뷰 중

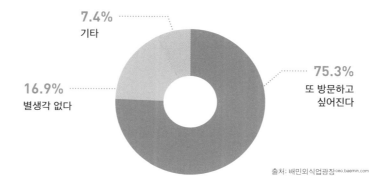

**사장님이 내가 좋아하는 재료나 조리법, 음료를
섬세하게 기억했을 때의 반응**

7.4%
기타

16.9%
별생각 없다

75.3%
또 방문하고
싶어진다

출처: 배민외식업광장 ceo.baemin.com

나아가 사장님과의 상호작용은 지속적으로 가게를 찾는 중요한 이유가 되기도 한다. 배달의민족 앱에 방문한 소비자를 대상으로 설문 조사를 진행한 결과, 응답자의 75.3%가 사장님이 내가 좋아하는 재료나 조리법, 음료를 섬세하게 기억하면 "또 방문하고 싶어진다"라고 답했다. 이처럼 사장님의 응대를 받은 경험은 다른 식당이 결코 대체할 수 없기 때문이다.

소비의 기준이 변화한 것도 주인장을 중요하게 생각하는 이유다. 요즘 소비자들은 단순히 기능적 충족을 위해 제품을 구매하는 것이 아니라 자신의 가치관과 취향의 표현으로서 지갑을 연다. '돈쭐낸다'라는 표현이 등장한 것처럼 생산자와 판매자를 응원하고 지지하는 수단으로 소비를 활용할 수도 있다. 특히 이와 같이 지지와 표현 수단으로서의 소비는 소비자들에게 적극성을 끌어낸다. 앞서 《동아일보》가 틸리언 프로와 함께 진행한 설문 조사 결과에 따르면, MZ세대 응답자 10명 중 8명은 "가고 싶은 가게가 일주일에 사흘만 문을 열더라도 일정을 맞춰서 가겠다"라고 답했고, 10명 중 9명은 "엘리베이터가 없거나 교통이 불편하거나 멀어도 가겠다"라고 답했다.[2] 사장님의 매력에 반하여 그 음식을 꼭 경험하고 싶다면 어렵게 찾아가는 과정조차 경험의 일부로 생각하는 것이다.

사장님을 위한
트렌드 활용 팁

외식 업계 내에서도 자신만의 색깔로 가게를 꾸리려는 사장님이 많아지는 추세가 엿보인다. 서울시가 제공하는 '상권분석 서비스'에 따르면, 서울 시내 전체 외식업 점포 가운데 프랜차이즈 점포의 비중은 2019년 3분기에 18.5%로 최고치를 보인 이래 2023년 3분기에 16.4% 이르기까지 지속적으로 감소하고 있다.[3] 이처럼 프랜차이즈가 아닌 일반 외식업소가 증가하고 있다는 사실은 여러 사람에게 프랜차이즈 이름을 포지셔닝하는 대중적인 매스mass 브랜딩보다, 우리 가게만의 개성을 고객에게 인지시킬 수 있는 차별화된 브랜딩이 필요해졌다는 사실을 암시한다. 그렇다면 무난함보다 개성이 중요해지는 이 외식업 시장에서 우리 가게 사장님의 퍼스널 브랜딩을 어떻게 해나가야 할까?

고객의 마음을 읽고 반응하기

먼저, 우리 가게를 찾는 고객을 사로잡는 동네밀착형 사장님이 되기 위해서는 어떤 고객이 우리 가게를 찾는지 고객의 마음을 아는 것부터 시작해야 한다. 마음을 알기 위해 가장 좋은 방법은 대화를 시작해보는 것이다. 엄청난 대담이 필요한 것도 아니다. 어떤 메뉴를 맛있다고 느꼈는지, 어떤 음악을 좋아하는지 취향을 알아두는 것으로 충분하다. 고객이 생일과 같은 특별한 날 방문한 것을 알기 위해서는 일단 고객과의 소통이 필요하다. 특히 꼭 물어야 하는 것은 '불편 사항'이다. 그냥 지나칠 수도 있는 고객의 조그만 불편을 해결하여 서비스에 대한 만족을 높이고 사장님도 몰랐던 지점을 발견하는 첫걸음이기 때문이다. 처음 말문을 열기 위해 우리 가게만의 루틴을 생각해놓는 것도 좋다. 앞서 소개한 감성연어의 신지은·최경선 사장님은 '웰컴 드링크 드리기', '추운 날에는 핫팩이나 따뜻한 물수건 드리기' 등 처음 방문한 고객의 마음도 따뜻하게 녹일 수 있는 아이디어를 리스트업해둔다고 한다.

우리 가게만의 색깔을 정했다면 작은 것도 놓치지 않고 가게 곳곳에 적용하는 것이 중요하다. 서울 서대문구 이화여

자대학교 앞에 위치한 샐러드 가게 '초식곳간'에서는 여성 고객을 위한 배려를 곳곳에 심어두었다. 샐러드를 포장할 때는 일반적인 노란 고무줄 대신 고객들이 재사용할 수 있도록 질 좋은 머리끈을 사용하고, 매장의 화장실에는 온열 시트를 설치해 고객들이 더욱 따뜻하게 이용할 수 있도록 했다. 이를 참고해, 1인 고객이 많은 라멘집이라면 스마트폰을 보면서 먹을 수 있는 거치대나 조그만 탁상용 선풍기를 자리에 둠으로써 우리 가게는 혼밥하는 고객을 환영한다는 작은 메시지를 전할 수 있다.

배달 앱과 SNS를 통한 소통으로 팬 만들기

배달 앱에서도 사장님만의 개성과 철학을 드러낼 수 있다. 소비자들은 앱에서 볼 수 있는 '가게 소개', '주문 안내', '사장님 공지' 영역에 적힌 글과 사진을 보고 가게의 느낌을 파악한다. 해당 부분에 사장님이 어떤 마음으로 음식을 만들고 가게를 운영하고 있는지, 음식에 어떤 정성을 쏟는지 등을 구체적으로 작성한다면 우리 가게를 소비자에게 인식시킬 수 있는 계기를 만들 수 있다. 예를 들어, 영상이나 GIF 파일(이미지 형식이지만 동영상처럼 움직이는 파일 포맷)을 활용하여

> 오프라인이 아닌 온라인 공간에서도 우리 가게의 매력을 보
> 여줄 수 있다. 배달 앱의 '가게 소개'나 '사장님 공지'는 고객
> 들이 가게의 분위기를 파악하는 데 영향을 준다.

메뉴를 만드는 모습을 올리는 것은 직접 매장에 방문한 적
이 없어 확신을 갖지 못하는 소비자에게 음식과 가게에 대
한 신뢰를 줄 수 있다. 프랜차이즈 지점을 운영하는 사장님
이라면 우리 지점만의 특징을 적는 것도 좋다. "시원한 바람
을 맞으며 즐길 수 있는 야외 테이블도 있어요"라는 문구는
해당 지점의 오프라인 매장을 한번 가봐야겠다는 생각으로
이어지기 쉽다.

SNS를 통한 꾸준한 소통 역시 주인장 브랜드를 만들어
가는 중요한 방법이다. 오바라 가즈히로尾原 和啓의 저서《프로
세스 이코노미》는 오늘날과 같이 아웃풋(품질)에서 크게 차

별화가 되지 않을 때 프로세스 자체로 새로운 가치를 만들 수 있다고 말한다. 과정을 함께하면서 소비자에게 공감을 얻고, 공감이 쌓이면 브랜드에 대한 애착이 생겨난다. 예를 들어, 식재료를 고르고 메뉴를 개발하는 일상을 SNS에 공유함으로써 사장님의 진정성을 전하는 동시에 신메뉴를 출시하기 전부터 궁금증을 유발할 수 있다. 앞에서 설명했던 유튜브 채널 겸 카페인 크림커넥션의 경우, 꾸준히 영상을 업로드한 지 1년이 지나서야 팬이 생기기 시작했다고 한다.

온라인 채널을 통한 사장님들의 활약은 외식 상권의 지형도도 바꾸고 있다. 《동아일보》와 한국신용데이터가 연 매출 10억 원 미만의 가게를 대상으로 분석한 바에 따르면, 코로나19 시기 동안(2019년 3분기와 2021년 3분기 비교) 서울 전체에서 외식업 소상공인의 매출은 평균 30% 감소한 반면, 14개 동에서는 새로 창업한 가게의 매출이 오히려 평균 26% 상승한 것으로 나타났다. 매출이 상승한 지역을 살펴보면 흔히 "목이 좋다"고 이야기하는 주요 상권이 아니라 동대문구 제기동, 송파구 송파동, 영등포구 문래동 등 다세대 주택이 즐비한 오래된 골목, 자동차 정비소나 철공소가 있던 동네다. 흔히 'MZ 사장님'이라 불리는 젊은 창업자들

코로나19 이전보다 더 잘된 'MZ 사장' 밀집 동네

서울 전체 평균 -30
장사 잘된 14개 동네 +26

5 망원동
12 연남동
29 홍은동
56 제기동
33 회기동
22 동교동
39 한강로동
11 이태원동
4 성수동
43 문래동
15 신길동
32 방배동
18 신사동
47 송파동

출처: 동아일보[4]

이 임차료가 저렴한 동네를 찾아 가게를 열고 자신만의 콘
텐츠를 무기로 SNS 소통을 활발히 하여 소비자들이 찾아오
도록 만든 것이다.

고물가·인력난·소비 심리 위축이 이어지는 상황에서 사
장님들의 고민이 깊다. 일본 이자카야 업계의 거장 우노 다
카시宇野 隆史는 불황일 때 많은 가게들이 가격 할인에만 몰두

하기 쉽지만, 그것은 매우 위험한 선택이라고 말했다. '싸다'는 것을 우리 가게의 특징으로 내세우게 되면 "가게의 라이벌은 편의점 어묵과 맥주가 되기 때문"이다.[5] 작은 가게일수록 그러한 출혈 경쟁에서 벗어나기 위해 가격이 아닌 다른 무기가 필요하다. 바로 사장님 각자만이 가진 개성과 철학이다. 결국 끼니를 해결하는 것을 넘어서 소비자의 마음을 움직이는 것, 그것이 지금 필요한 '주인장 브랜딩'의 본질일 것이다.

핵심 요약
주인장 브랜딩

🔍 동네밀착형 주인장

음식의 맛보다도 사장님의 매력에 끌려 식당을 찾는 손님들이 늘고 있다. 가게 주인의 개성과 철학까지 브랜드가 되는 시대가 온 것이다. 콘셉트가 비슷한 가게들끼리 경쟁하는 '동네'에서는 '밀착형 주인장'이 독보적인 인기를 끈다. 외향형 직원들을 모아 숏폼 영상을 촬영하며 활발한 분위기를 어필하는 사장님도 있고, 고객 한 명 한 명을 기억하며 해당 고객이 방문할 때마다 좋아하는 노래를 틀어주는 사장님도 있다. 사장님과 손님 간의 교류가 활발해질수록, 식당은 마치 동네의 로컬 커뮤니티처럼 진화해간다.

🔍 국민셀럽형 주인장

SNS에서 존재감을 뽐내며 스스로 '셀럽' 자리에 오른 사장님들도 있다. 가령 '런던 베이글 뮤지엄'의 이효정 대표는 온·오프라인 공간을 두루 활용해 본인의 인생철학을 전함으로써 두터운 팬덤을 형성했다. 자신이 관리하는 매장에 직접 방문해 냉정한 평가를 내리는 나카무라 코우지 셰프의 유튜브 콘텐츠 역시 호평을 받았다. 이들의 진짜 무기는 '타고난 스타성'이 아니다. 감동적인 열정과 전문성, 솔직함에서 우러나오는 진정성이 결국 손님들로 하여금 '찐팬'을 자처하게 만드는 것이다.

사장님! 이것만은 꼭!

☑ 손님의 마음, 꼭 들여다보기

주인장 브랜딩을 위해서는 우선 손님과 적극적인 교류를 나눠야 한다. '내향형 가게'라도 예외는 없다. 우리 가게에 방문하는 손님들의 성향과 분위기, 선호하는 메뉴와 서비스 스타일을 면밀히 관찰해보자. 브랜딩의 힌트가 숨어있을 것이다.

☑ 사소한 배려로 감동 선사하기

긴 머리 손님을 위한 머리끈과 혼밥 손님을 위한 스마트폰 거치대처럼, 작은 배려만으로도 사장님의 섬세한 매력을 어필할 수 있다. 이러한 '밀착 케어'는 곧 단골을 끌어들이는 무기가 된다.

☑ SNS 소통, 절대 잊지 않기

인스타그램 계정 운영부터 차근차근 시작해보자. '오늘 밑반찬이 맛있게 완성됐다'라거나 '좋은 재료가 들어와서 정성껏 만들었다'라는 담백한 한 줄로도 충분하다. 사장님의 운영 철학과 가게의 비하인드 스토리 등을 곁들인다면 금상첨화다.

☑ 배달 앱은 가능한 한 알차게 꾸며두기

배달 앱은 작은 SNS나 다름없다. '사장님 공지'란을 통해 우리 가게의 콘셉트와 사장님의 열정을 전달해보자. 리뷰 댓글을 적극적으로 관리하는 것도 좋은 전략이다. 복붙(복사 후 붙여넣기)으로 일관하기보다는 손님과 1:1 채팅을 나누듯 다정하게 대화해보자.

이슈푸드

"어머, 이건 꼭 먹어봐야 돼!"

요즘 유행하는 '연희동 국화빵' 후기를 본 A씨는 눈을 초롱초롱 빛내며 다짐한다. 처음 국화빵 사진을 보고 너무나 당연하게 기본 팥앙금 맛만을 떠올렸던 그는 눈앞에 펼쳐진 다양한 선택지에 감탄했다. 누텔라·녹차·쑥·얼그레이·땅콩버터·초당옥수수·트러플햄치즈감자·라구 등 다양한 맛으로 진화한 새로운 국화빵이 등장한 것이다. 평소에 간식을 즐기지 않던 A씨의 애인마저도 국화빵의 변신에는 관심을 보인다. 어찌 먹어보지 않을 수 있을까!

"아니, 이런 것도 있어?"

퇴근 후 B씨는 맛집 정보를 알려주는 SNS 계정을 보다가 '솜사탕 커피'를 발견하고는 놀랐다. 지금껏 본 적 없는 모습의 블랙커피였기 때문이다. 커피 잔 위로 공중에 매달린 솜사탕은 마치 하늘에 떠 있는 구름같이 보인다. 솜사탕 커피의 핵심은 커피의 뜨거운 열기에 솜사탕이 서서히 녹는 것을 기다리는 시간이다. 각설탕이나 봉지 설탕을 넣어 단맛을 내는 것보다 오래 걸릴 수는 있지만, 솜사탕 구름이 녹아 설탕 방울이 떨어지는 장면에는 재미와 낭만이 있다. 매우 생소한 방식으로 제공되는 커피라 금세 입소문을 탈 것이 분명하다. B씨는 사람들이 몰리기 전에 누구보다 빨리 방문해서 인증샷을 찍어오리라 다짐한다.

위의 두 일화에 등장하는 사람들의 공통점은 무엇일까? 요즘 사람들은 새로운 것에 열광한다. 패션이나 전자 제품 영역에서 새로운 것은 항상 환영받았지만, 음식은 다소 예외였다. 입맛은 쉽게 변하지 않기에 늘 익숙한 음식과 식당이 사랑받아 왔다. 하지만 최근 소비자들은 먹는 일에서도 적극적으로 새로움을 구하고 있다. 이들에게는 신메뉴를 맛보는 것에 대한 도전 정신마저도 느껴진다. 특정 음식이 유행하기 시작하면 그 인기가 사그라지기 전에 먹어보기 위해 갖은 노력을 마다하지 않는다. 맛집 탐방과 편의점 투어는 당연하고 해외 직구까지 도전하면서 미리 저장해둔 '먹킷리스트'를 달성한다.

미식 시장의 유행 주기는 점점 더 짧아지고 있다. 다음 유행 아이템이 무엇인지 예측할 새도 없이 빠른 속도로 신제품이 등장하고 있는 것이다. 넘쳐나는 신상 '먹템(먹다+아이템)'들 사이에서 대중의 관심도 빠르게 이동한다. 이러한 변화 현상을 소비트렌드 이론의 관점에서 살펴보면 요즘 사람들의 식품 소비가 '패드화fad化'하고 있다고 표현할 수 있다. 패드는 사전적으로는 '유행'이라는 의미인데, 'For A Day(하루 동안)'의 약어라는 농담이 있을 만큼 짧게 지속되는 변화를 말한다. 식문화의 패드화는 커다란 메가히트 상품이 장기적인 트렌드를 이끌던 기존 패러다임에서 벗어나, 이제 소비자들이 작은 유행들 사이를 넘나들면서 새로운 시도를 해보는 것 자체에 의의를 두는 식소비문화가 확산되고 있음을 의미한다. 《대한민국 외식업 트렌드 Vol.2》에서는 '새로운' 스타일의 식품들이 짧게 짧게 화제를 만들어가면서 계속 변화하는 경향성을 '이슈푸드' 트렌드라고 명명한다.

어떻게 하면 새로운 이슈를 생성해 시장의 흐름을 주도하

지금까지 본 적 없는 새로운 스타일의 음식은 고객의 관심을 끈다. 잔 위에 솜사탕이 올라간 커피의 비주얼은 인증샷을 부르며 SNS에서 화제가 됐다.

는 메뉴나 상품을 만들어낼 수 있을까? 첫 번째 방법은 기존 음식에 작은 변주를 가미해 '진화'시켜 나가는 것이고, 또 다른 방법은 전에 없던 새로운 시도를 통해 '반짝'이는 주목을 이끌어내는 것이다. 전자를 '진화푸드', 후자를 '반짝푸드'라고 부를 수 있다. 이 두 가지 양상을 표로 정리하면 아래와 같다.

이슈푸드를 만들어내는 두 가지 방법

	진화푸드	반짝푸드
방법	음식 자체를 변주함 (크기, 재료, 맛, K화)	음식을 즐기는 방법을 변주함 (포장, 취식 방식, 플레이팅, 마케팅)
생성 방식	연속적인 변화	혁신적인 변화
마음의 근원	호기심	모험심
유행 주기	비교적 장기간	비교적 단기간
동조 범위	비교적 넓음(대중)	짧음(마니아, 인플루언서 등)

① 진화푸드:
약간의 변화가 이끄는 새로움

유행에 기민하게 반응하는 요즘 소비자들은 변화에 열광한다. 예전에는 지역 맛집을 검색하면 해당 지역에서 30년째 같은 맛을 유지하는 노포들이 추천됐는데, 요즘에는 뭔가 전에 없던 새로움을 선보이는 젊은 가게들을 찾는 사람들도 부쩍 늘었다. 같은 논리로 식품 업계에서도 오랜 시간 꾸준히 사랑받아 온 장수 스테디셀러들이 새로운 스핀오프spin-off 상품을 선보이며 긴장을 늦추지 않고 있다. 이러한 변화가 꼭 사람들의 눈길을 확 잡아끄는 '괴식'처럼 특이할 필요는 없다. 익숙하면서도 "뭔가 새롭다"는 인식을 가질 수 있을 정도로 약간의 새로운 요소만 더해진다면 충분하다.

상상을 초월하는 대용량 음식

그중 가장 손쉬운 방법은 크기를 키우는 것이다. 예를 들어 기본 용량보다 많이 먹을 수 있는 일명 대왕푸드는 적당한 충격과 재미를 동시에 제공한다. 구슬아이스크림 프랜차이즈 '그라미'는 M·L·XL 사이즈에 이어 최대 6가지 맛을 고를 수 있는 XXL 사이즈가 있다. 어린 시절 구슬아이스크림은 부모님에게 사달라고 졸라야 겨우 한 컵 먹어볼 수 있던 간식이었지만, 이제는 눈치 보지 않고 대용량으로 충분히 즐길 수 있게 됐다. 만 원에 달하는 가격일지라도 호탕하게 지출하며 어른의 플렉스를 보여줄 수 있는 메뉴가 된 것이다.[1]

상상을 초월하는 큰 사이즈의 음식은 미국에서도 화제다. 세계에서 매장 수가 가장 많은 패스트푸드 프랜차이즈 '써브웨이'는 샌드위치 전문점이면서 쿠키·추로스·프레첼 맛집으로도 유명하다. 최근 계속해서 증가하는 디저트 수요에 따라 2024년 1월부터 디저트류의 크기를 대폭 키웠다. 샌드위치의 크기에 비해 작은 사이즈로 판매됐던 사이드 메뉴들을 30센티미터 길이의 풋롱footlong(한 발 길이의) 사이즈로 출시한 것이다. 해당 소식이 써브웨이 공식 인스타그램 계정에 공개되자 한국을 포함해서 아직 출시 계획이 없는 각국 소비자들의 간곡한 판매 요청이 이어지기도 했다.

맛있는 거+맛있는 거=맛없없

두 번째 방법은 조합하는 것이다. 익숙한 아이템이더라도 새로운 요소를 조합하면 실패 없는 변화를 이끌 수 있다. '맛있는 거+맛있는 거=맛없없(맛이 없을 수가 없는)'이기 때문이다. 요즘 겨울철 대표 간식인 '붕어빵'의 속 재료 조합이 다양해지면서 얼마나 더 풍부한 맛을 느낄 수 있을지 상상하는 재미가 생겼다. 광주광역시에 위치한 '미미붕어빵'은 팥·슈크림·치즈는 기본으로 갖추고 고구마·완두·피자·김치치즈·초콜릿까지 다양한 속 재료의 붕어빵을 선보였다. 고구마와 완두 붕어빵은 빵피의 색깔마저도 속에 들어있는 앙금 맛을 연상할 수 있게 분홍색과 초록색으로 새롭게 개발하기도 했는데, 주말에는 메신저 앱을 통해 예약제로 운영할 정도로 엄청난 인기를 얻고 있다고 한다.

재료에 따라 맛의 변주가 가능한 것은 간식뿐만이 아니다. 김치찌개는 참치를 넣는지, 스팸을 넣는지, 돼지고기를 넣는지에 따라 국물의 맛과 농도가 달라진다. 한국에 비해 매운 음식을 즐겨 먹지 않는 일본에서는 최근 '카망베르 김치찌개'가 유행하고 있다. 빨간 국물에 하얀 치즈가 덩어리째 올라가 있는데 마치 두부 같아 보이기도 한다. 치즈를 넣고 끓인 김치찌개는 맵지 않고 고소한 맛이 더해져서 일본인들도 잘 즐길 수 있는데, 한식이 적절하게 현지화를 이뤄낸 사례 중 하나다. 재밌는 사실은 한국 사람들도 카망베르 김치찌개를 만들어 먹어보며 후기를 공유하기도 한다는 점이다. 비주얼은 충격적이지만 의외로 맛있다는 반응이 이어지고 있다.

세포가 분열하듯 연속적인 변화를 시도하는 메뉴도 있다. 편의점 품절 대란을 일으켰던 '연세우유 생크림빵'은 꾸준히 잘 팔리는 크림빵에서 다음 단계로 진화하는 데 성공했다. 편의점 CU의 베이커리 파트에서 최대 흥행한 제품으로 2022년 1월 우유생크림빵과 단팥생크림빵을 처음 출시한 이후, 초코·메론·옥수수·황치즈·솔티카라멜·말차·마롱·한라봉생크림빵을 차례로 시장에 등장시켰다. 2024년 1월에는 누적 판매량 5,000만 개를 돌파하면서 업계 최초의 판매 기록을 달성했다. 농심의 과자 '○○깡' 시리즈도 단계별 진화를 훌륭하게 이뤄낸 사례다. 1971년 새우깡을 시작으로 감자깡·양파깡·고구마깡·옥수수깡을 잇따라 출시했다. 한

동안 잠잠하다가 2023년 여섯 번째 시리즈로 시장에 등장한 먹태깡은 열풍에 가까운 품절 대란을 일으키기도 했다. 소비자들이 익숙한 상품군에서도 새로운 변화에 얼마나 민감하게 반응하는지 잘 보여주는 사례라고 할 수 있다.

이렇게 시리즈로 진화하는 식품은 후발 주자인 '미투Me too 제품'을 등장시킨다. 식품 업계에서 의미하는 미투는 유행몰이에 성공한 선행 사례와 유사한 제품을 만들어내는 것을 의미한다. CU의 연세우유 생크림빵의 인기가 시작되고 세븐일레븐은 '세븐셀렉트 푸하하크림빵' 2종을 PB 상품으로 출시했고, GS25 역시 기존에 판매하던 '브레디크 생크림빵'의 생크림량을 늘리는 식으로 제품을 리뉴얼했다. 먹태깡의 유행 이후 롯데웰푸드의 '오잉 노가리칩 청양마요맛'과 상일제과의 '먹태쌀칩 청양마요맛'이 등장한 것도 같은 현상이다. 이러한 미투 제품은 원조 제품을 더 유행하게 만들고 산업을 성장시키는 긍정적인 효과가 더 크기 때문에 식품 업계에서 용인하는 분위기다.[2] 소비자의 입장에서는 맛이 보장된 꿀템을 제조사별 시리즈로 만끽할 수 있는 다양한 변화인 것이다.

현지 음식, K스타일로 완벽히 소화하기

세 번째 방법은 K화化, 즉 외국 음식을 K스타일로 변화시키기는 것이다. 중국에서 수입됐지만 한국에서 꾸준히 새롭게 진화하고 있는 '탕후루糖葫蘆'가 좋은 예다. 현재 대한민국에서 인기를 끌고 있는 탕후루는 수십 가지 종류에 이른다. 맛잘알 민족이 중국의 대표 간식 탕후루를 K화시키고 있다. 본국에서는 시도하지 않았던 새로운 과일을 활용해서 탕후루를 만들기도 하고, 설탕 코팅이 굳기 전에 팝핑 캔디를 얹어 톡톡 튀는 식감을 더하기도 한다. 크리스마스 시즌에는 마시멜로와 초콜릿 펜을 활용해 딸기 모자를 쓴 산타 탕후

중국의 디저트인 탕후루가 K화 되고 있다. 시즌에 어울리는 특별한 메뉴 개발은 물론, 과일 대신 떡이나 채소 등 이색적인 재료를 통해 신선한 재미를 주고 있다.

루를 메뉴화했고, 딱딱한 설탕 코팅에 비해 좀 더 먹기 쉬운 실타래 탕후루를 개발하기도 했다. 서울 강남구 청담동에 위치한 '청담탕후루'는 과일로만 탕후루를 만든다는 편견을 없애고 마라 떡 탕후루, 인절미 떡 탕후루 같은 새로운 탕후루를 선보이며 이색 맛집으로 떠올랐다.

프랑스의 아침 식사 대표 메뉴인 크루아상도 K스타일로 진화했다. 크로플(크루아상+와플)과 크룽지(크루아상+누룽지)에 이르기까지 크루아상의 변신이 계속되고 있다. 일반 크루아상보다 바삭바삭한 식감이 훌륭한 크룽지는 프랜차이즈 카페의 정식 메뉴로까지 진출했다. 2023년 10월 커피 브랜드 '이디야'에서 '토피넛 크룽지'를 출시했고, 약 2주 만에 누적 5만 개가 팔릴 정도로 큰 인기를 끌었다. 이러한 K화는 다양하게 변주 중이다. 젠틀몬스터로 유명한 아이아이컴바인드의 디저트 브랜드 '누데이크'는 2023년 9월 일본 주먹밥 오니기리 모양의 크루아상인 '오니와상'을 선보였다. 프랑스와 일본의 음식을 명란·김치·파 맛 등으로 구현하면서 완벽하게 K스타일로 소화해낸 것이 특징이다. 서울 성동구 금호동에 본점을 두고 있는 카페 '아우프글렛'은 2023년 6월 베이글과 크루아상을 결합한 '베로와상'을 출시했다.

beroissant.

진화푸드는 국적의 경계도 허문다. 누데이크와 아우프글렛은 프랑스의 대표 베이커리인 크루아상을 각각 오니기리(일본), 베이글(미국)과 접목해 새로운 K스타일로 풀어냈다.

② 반짝푸드: 혁신적 시도가 선사하는 신선함

기존의 요소에 약간의 변주를 얹어 새로움을 부여하려는 진화푸드가 하나의 우회로라면, 전에 없던 시도를 통해 신선함을 주고자 하는 반짝푸드는 정공법에 가깝다. 그 혁신적인 시도가 반드시 음식이나 맛 자체에 관한 것일 필요는 없다. 포장이든, 취식 방식이든, 플레이팅이든, 마케팅이든 관계없이, 작지만 새로운 시도들은 소비자에게 참신함으로 다가온다.

커스텀과 DIY가 선사하는 특별한 외식 경험

먼저 시도해볼 수 있는 것은 고객이 참여할 수 있는 여지를 만들어주는 것이다. 즉석 김밥 전문 프랜차이즈로 유명한 '김가네'가 2023년 10월부터 약 3주 동안 대학로에 문을 연 '김가네 슈퍼'는 지금껏 식품 업계에서 시도한 적 없는 참여형 팝업 스토어로 눈길을 끌었다. 김밥에 들어갈 속 재료를 고객들이 마트에서 장을 보듯이 직접 골라 나만의 '커스텀 김밥'을 만들어 먹을 수 있게 한 것이다. 귀여운 인형의 형태로 진열된 김밥 속 재료로는 밥·고기·단무지와 같이 익숙한 것과 아보카도·옥수수·오크라okra 등과 같이 조금은 생소한 재료도 있었다. 이렇게 독특한 매력을 담은 팝업 스토어를 찾은 김가네 단골손님들은 평소 매장에서 느끼지 못했던 신선한 경험을 SNS로 공유하며 자신의 팔로워들과 함께 즐겼다.

손님이 직접 만들고 꾸미게 하는 데 모찌(떡)도 빠질 수 없다. 경기도 부천에 위치한 '두루미상회'에서는 미니 화로와 키리모찌切り餅(먹기 좋게 직사각형으로 썰어낸 떡)를 함께 제공한다. 느린 속도지만 직접 떡을 구워 먹는다는 점이 재미를 더한다. 매끄럽고 말랑한 모찌의 표면 덕분에 구워 먹고, 쌈 싸서 먹고, 그 위에 그림까지 그려 먹는 다채로운 시도가 가능하다. 서울 마포구 연남동에 위치한 '테누커피'는 최근 유행하는 과일 모찌를 판매하는데, 이때 각 재료를 한 판에 펼쳐놓은 채로 제공한다. 떡·팥앙금·딸기가 각각 담겨있어 자신만의 적정량을 생각하며 만들어 먹는 과정이 손님들의 경

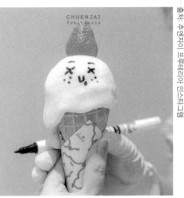

갓 만든 모찌 아이스크림에 식용 펜으로 그림을 그려 먹을
수 있는 디저트도 있다. 손님이 직접 꾸미고 만들어 먹는 과
정들은 미식 경험을 더욱 풍성하게 만들어준다.

험을 더욱 풍요롭게 한다. 태국 방콕의 '추엔자이 프루테리
아Chuenjai Fruitteria'는 매장에서 갓 만든 모찌 아이스크림에
그림을 그릴 수 있는 것이 특징이다. 식용 펜으로 꾸미는 것
이 특별한 맛을 더해주지는 않지만, 음식에 그림을 그리는
순간의 스릴 넘치는 즐거움을 선사한다.

같은 음식 맞아? 먹는 방법과 플레이팅에 변화 주기

취식 방식을 새롭게 시도하는 것도 이슈가 될 수 있다. 틱톡
커이자 푸드 인플루언서 '아누누'는 연관 검색어가 '동결건

조'일 정도로 어떤 음식이든 얼려 먹는 것으로 유명하다. 뜨거운 열에 녹아버리는 음식들은 차가운 상태에서 얼려서 수분을 제거하는 것이 맛과 식감을 살리기는 훨씬 좋다. 이를 활용해서 젤리를 급속도로 얼려 사탕처럼 바스러지는 식감을 만들어내거나 이미 얼어있는 아이스크림을 동결건조하는 식으로 사람들의 궁금증을 자극한다.

2023년 하반기를 강타한 홍콩 디저트 '사고 펄sago pearl(사고야자나무에서 추출한 녹말로 만든 식용 전분 경단)'의 유행을 이끈 인플루언서 '전언니'는 '4시간 숙성' 붐을 일으켰다. 1~2시간도 아니고 4시간이나 냉장고에 보관해두고 먹어야 하는 디저트의 등장에 귀찮을 법도 한데 대부분의 사람들은 그녀의 레시피를 성실하게 지킨다. 틱톡에 업로드된 레시피 영상은 기본적으로 100만 조회 수를 넘겼다. 처음 보는 식재료인 사고 펄을 한 번 먹더라도 제대로 먹고자 하는 사람들의 욕구가 반영된 것이다.

플레이팅이나 포장을 새롭게 시도할 수도 있다. 지금껏 디저트의 영역은 서구적인 스타일이 우세했고, 한국 전통의 모습과는 거리가 멀었다. 그런데 전통 가옥에서 밥을 짓던 가마솥을 활용한 디저트 플레이팅의 유행이 확산되고 있다.

주목을 끌기 위해 플레이팅이나 포장 방법을 새롭게 할 수 도 있다. 서구적인 느낌이 강한 디저트를 가마솥 모양의 식 기에 담아내 재미를 준 농촌 콘셉트의 디저트 가게의 모습.

울산광역시에 본점을 둔 농촌 콘셉트의 카페 '파머스커피' 는 미니 가마솥에 직접 팝콘을 튀겨 먹거나, 면 보자기에 쌓 인 음식들을 쪄 먹을 수 있도록 제공한다.[3] 서울 종로구 돈의 동의 카페 '온溫'은 매장 입구에 비치한 커다란 가마솥에 직 접 카스텔라를 만들고 소형 가마솥에 옮겨 플레이팅한다. 특 별한 맛은 아니지만 갓 지은 밥처럼 따뜻하게 카스텔라를 먹을 수 있다는 점이 이곳만의 매력이다.

한때 편의점 품절 대란을 일으켰던 '아사히 수퍼드라이

생맥주'는 기존에 판매되고 있던 병과 캔 제품과 동일한 맥주가 채워져 있음에도 새로운 캔 포장으로 유독 큰 인기를 끌었다. 새로 개발된 맥주 캔과 뚜껑이 풍성한 거품을 발생시켜 뚜껑을 따자마자 부드러운 맥주 거품이 드라마틱한 시각적 효과를 주기 때문이다. 캔 내부에 특수 도료를 입혀서 울퉁불퉁하게 작은 요철을 만들어냄으로써 '자가 발포'가 가능해진 것이다. 무려 4년간의 연구 끝에 탄생한 이 제품은 340ml 용량이 처음 출시되었고, 계속된 인기에 현재는 485ml로 용량을 늘려 판매하고 있다.[4]

먹기 힘들수록 더 먹고 싶어지니까

마케팅 방법도 새롭게 시도할 수 있다. 공급 물량을 제한해서 인기에 부채질을 더하는 헝거 마케팅을 펼치는 것이 대표적인 예다. 헝거 마케팅이란 잠재 고객을 배고프게(hunger) 만드는 기법으로 항상 부족하다는 느낌을 주어 조급하게 구매를 결정하도록 자극한다. 이러한 방법을 전략적으로 잘 활용한다면 사람들의 이슈 반열에 오르는 것은 시간문제다. SBS 〈생활의 달인〉, MBC 〈생방송 오늘 저녁〉, tvN 〈수요미식회〉에 모두 소개된 중식당 '동일루'는 서울 마포구 망원동

찹쌀탕수육 맛집으로 유명하다. 여기서 눈에 띄는 점은 간짜장 메뉴를 하루 10그릇만 한정 판매하고 있다는 사실이다. 찹쌀탕수육을 먹으러 방문한 김에 간짜장까지 맛보고 싶은 손님은 누구보다 빠르게 가서 줄을 서야 한다.

심지어 하루 1시간만 영업하는 식당도 있다. 대한민국에서 가장 먹기 어렵다고 알려진 광주광역시의 '여수집 국밥'은 과거 운영했던 국밥집 간판을 그대로 사용하고 있는 동네 노포 맛집으로 가게 이름과는 다르게 붕장어 백반을 판매하고 있다. 이곳에는 하루 최대 20명만 손님을 받는다는 규칙도 있다. 20명의 손님이 다 다녀가면, 1시간으로 정해진 영업시간이 지켜진다는 보장도 없다. 가게 내부에는 다섯 테이블이 전부이기 때문에 사전 전화 예약은 필수다. 혹시나 하는 마음에 모험하러 방문한 손님은 자리가 없어서 돌아갈 수도 있다. 이렇게 의도적으로 공급량과 판매 시간을 한정함으로써 우리의 한 끼를 구하기 힘든 명품처럼 인식시킬 수도 있는 것이다.[5]

맛있는 게 넘쳐나는 시대,
주목을 끄는 음식이 살아남는다

전에 없던 새로움이 인기를 끌고, 또 인기 있는 선택지에 동조하는 소비 현상은 비단 식생활에서만 관찰되는 것은 아니다. 하나의 트렌드가 생기고 소멸하는 것은 이제 현대 산업 사회에서 시장의 확고한 특징이 됐다. 상당히 보수적이었던 식품·외식산업에서도 이처럼 새로운 트렌드의 바람이 거세게 부는 이유는 무엇일까?

빨라진 확산 속도, 짧아진 유행 주기

역시 소셜 미디어의 확산이 가장 큰 요인이다. SNS 인증 열풍이 이슈푸드의 인기에 불을 붙인 것이다. 맛있는 것이 넘쳐나는 한국에서 음식의 맛과 품질은 이제 상향 평준화됐고, 소비자들의 미식 수준도 함께 높아진 지 오래다('식별력' 참조). 이런 경쟁 상황에서는 맛만 있는 음식보다는 플러스알파의 매력으로 시선을 끄는 것이 우선이다. 《주목하지 않을 권리》의 저자 팀 우Tim Wu는 '주목 경제attention economy'라는 개념을 통해 소비자들의 관심을 이용해서 수익을 내는 요즘 자본주의 양상을 소개한 바 있다. 일단 주목을 받게 되면 손님들이 모이고 유행하는 이슈푸드의 반열에 오를 수 있다는 의미다. 배달의민족 고객 설문 데이터에서도 이슈푸드의 주목 경제 현상이 두드러진다. 2023년 11월 기준 전체 설문자 중

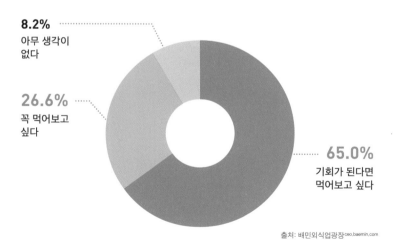

**SNS나 미디어에서 화제가 되는
메뉴에 대한 고객 반응**

8.2%
아무 생각이
없다

26.6%
꼭 먹어보고
싶다

65.0%
기회가 된다면
먹어보고 싶다

출처: 배민외식업광장ceo.baemin.com

약 91.6%가 요즘 SNS에서 유행하는 메뉴를 보면 "먹어보고 싶다"고 답변한 것으로 확인된다. 인스타그램·유튜브·블로그 등 온라인 플랫폼을 넘나들며 사람들의 방문 인증이 이어지면서 특정 메뉴들은 해당 음식에 대해 어떤 선호도도 갖고 있지 않았던 손님의 식욕마저 자극할 수 있게 된 것이다.

또 다른 배경은 식품의 유행 주기가 짧아졌다는 점이다. 사람들이 관심을 주는 기간이 일주일 단위로 짧아지면서 신메뉴 개발의 속도전이 펼쳐지기도 한다. 식품 유통 플랫폼의 다크호스로 부상하고 있는 편의점은 신상품 기획부터 출시까지 소요되는 개발 시간을 최소한으로 줄이기 위해 조직 정비를 할 정도다. '곰표 맥주' 열풍을 불러일으켰던 편의점 CU의 운영사 BGF리테일은 '주류 태스크 포스TF'를 신설해 새로운 단독 기획 상품의 출시 속도를 급속하게 끌어올렸고, GS25를 운영하는 GS리테일은 최근 주목받고 있는 '가정 간편식' 부문을 신설해 관련 트렌드 변화에 신속하게 대응하고 있다.[6]

끊임없이 새로운 제품이 출시되는 공급과잉의 상황에 푸드 크리에이터의 먹방 주기도 덩달아 짧아졌다. "궁금한 음식 대신 맛봐드리는 남자"라는 콘셉트로 활약 중인 유튜버

SNS 인증 열풍은 이슈 푸드가 경쟁력을 갖게 만든 핵심 요인이다.

'맛상무'는 "잠깐만 방심하면 이런 제품들이!"라는 슬로건으로 빠르게 떠오르고 지는 유행템을 리뷰하고 있는데, 편의점 식품 후기 콘텐츠만으로도 2년 동안 매주 영상 제작이 가능했을 정도다.

새로운 시도들이 쏟아지는 시대다. 이러한 트렌드와 적절하게 발을 맞추려는 노력이 그 어느 때보다도 절실해졌다.

사장님을 위한
트렌드 활용 팁 ✦

이제 새로운 매력으로 손님을 부르는 이슈푸드에 대한 고민
은 피할 수 없게 됐다. 우리 가게의 입장에서 이슈푸드 트렌
드를 적용할 때 어떤 전략을 고려해볼 수 있을까?

익숙한 메뉴에 조금씩 변주를 시도하기

먼저, 스테디셀러로 꼽히는 대표 메뉴에 트렌디한 식재료를
더해 새로운 맛을 이끌어낼 수 있다. 이러한 시도는 실패 회
피 성향이 강한 손님들이 새로운 메뉴에 도전할 때 발생하는
심리적 장벽을 낮출 수 있는 효과적인 방법이다. 언제 먹어
도 맛있을 거라 확신할 수 있는 메뉴에 약간의 변주만 주는
것이다. 서울 강남구 청담동에 본점을 둔 디저트 가게 '에그
서울'은 대파크림치즈·앙버터·얼그레이크림 등을 얹어 오랫

동안 우리나라 길거리 간식의 대표주자였던 계란빵에 혁신적 변화를 주는 데 성공했다. 이처럼 이슈푸드를 개발할 때는 기본에 충실하면서 색다른 매력을 갖추는 것이 중요하다.

한정 수량을 활용한 공급 제한 마케팅

우리 가게의 이슈푸드를 한정된 물량으로만 제공해 잠재 고객의 방문 욕구를 자극할 수도 있다. 부족한 공급은 신규 고객뿐만 아니라 단골 소비자까지 조급함이 들게 한다. 이렇게 음식을 제공하는 방식에서 과감히 제한 전략을 취하면 손님들의 경쟁적인 참여를 불러올 수 있다. 배달에서도 마찬가지다. 일정 시간대에만 할인을 제공하는 것이다. 가게의 주력 메뉴에 타임 할인 제도를 미끼로 활용한다면 손님들의 주목도를 높일 수 있을 것이다. 여기서도 중요한 것은 음식 맛과 포장 상태에 있어서 손님들이 기대하는 수준의 높은 완성도를 유지해야 이러한 마케팅이 가능하다는 사실이다.

식재료도 돌고 돈다

"Fashion comes full circle."

"패션은 돌고 돈다"는 의미로 패션계에서 아주 유명한 말이다. 이러한 점을 잘 활용하면 철 지난 아이템으로도 새로움을 부여할 수 있다. 잘파세대(Z세대와 알파세대의 통칭)의 소울푸드로 자리 잡은 마라탕은 이미 5년 전에 1차 대유행 시기가 있었다. 소셜 커머스 위메프에 따르면 지난 2019년도 가장 매출을 많이 올린 식품은 중국 향신료 마라와 각종 마라탕 재료들이었다고 한다.[7] 당시 매운 음식 전문 먹방 크리에이터 '도로시'가 중국당면을 가득 넣은 마라탕 방송을 해 큰 화제를 모았다. 이후 코로나19 사태가 발생하면서 잠시 주춤하던 중국 음식에 대한 인기가 분모자·연근 모양 당면·뉴진면 등과 함께 진화하여 마라탕이 다시 인기를 누리고 있는 것이다.

그렇다. 유행을 선도하지 않아도 된다. 엄청난 변화를 꾀할 필요도 없다. 메뉴 개발을 열심히 고민하며 지금껏 포착한 변화를 다시 한번 더 돌아보자. 우리 가게가 시도할 수 있는 약간의 진화는 무엇인지, 손님들이 좋아할 만한 우리 식당의 반짝 매력은 무엇인지 찾아낸다면 유행의 급물살을 타고 미식 시장을 사로잡을 수 있을 것이다.

핵심 요약
이슈푸드

🔍 진화푸드

음식의 크기와 용량에 파격적인 변화를 주고, 획일화돼 있던 기존의 조리법을 과감히 변주하는 '진화푸드' 트렌드가 뜨겁다. 요즘 구슬아이스크림은 6가지 맛을 한 그릇에 담아 먹는 XXL 사이즈로 판매된다. 초콜릿 붕어빵과 카망베르 김치찌개처럼 이색적인 재료를 조합해 변화를 꾀하는 음식들도 인기다. 이제는 탕후루의 재료도 오이, 감자, 파프리카, 심지어 떡과 마라 소스로까지 확장됐다.

🔍 반짝푸드

기존의 외식 요소를 완전히 혁신하는 '반짝푸드'의 인기도 식을 줄 모른다. 손님이 직접 가마솥에 팝콘을 튀겨 먹도록 유도하거나, 똑같은 맛이라도 색다른 취식 방식과 플레이팅으로 새로운 경험을 선사하는 곳들이 사랑받고 있다. 대표 메뉴를 하루에 딱 10그릇만 판매하며 도전 욕구를 자극하는 가게들 역시 관심을 모은다. 공급과잉의 시대에 늘 참신한 경험에 목말라있는 소비자를 노린 전략이다.

사장님! 이것만은 꼭!

☑ 대표 메뉴에 개성 100g 첨가하기

음식의 용량, 그릇의 크기, 양념의 종류 등 작은 곳에서부터 변주 옵션을 넣어보자. 찾아보기 힘든 생소한 음식이 아니더라도, 이색적인 재료 추가 등 고정관념을 살짝 비트는 시도만으로도 고객들은 신선한 재미를 느낄 수 있다.

☑ 잊지 못할 플레이팅 개발하기

손님들의 '인증샷'을 부르는 참신한 플레이팅을 연구하자. 같은 맛이라도 어떤 방식으로 제공하고 연출하는가에 따라 고객이 느끼는 미식 경험은 천차만별로 달라진다.

☑ '헝거 마케팅'으로 매력 극대화하기

한정 수량, 시즌 메뉴, 요일 할인 등 똑똑한 마케팅을 통해 우리 가게를 각인시키자. 고객에게 더 강조하고 싶은 메뉴들이 있다면 요일과 시간에 따라 할인 혜택을 제공하는 것도 좋다.

☑ 유행의 파도에 적극적으로 올라타기

유행하는 '음식 트렌드'가 있다면, 우리 가게의 콘셉트에 맞춰 전략적으로 활용해보자. 요리 유튜브나 TV 프로그램을 살펴보는 것은 물론, 틈틈이 편의점 신제품과 SNS 인기 해시태그를 모니터링하면 트렌드를 파악하는 데 도움이 된다.

식사격차

식사를 구분하는 기준이 바뀌고 있다. 예전에는 공간으로 끼니를 구별했다. 집 안에서 만들어 먹으면 내식, 집 밖에서 사먹으면 외식이라고 불렀다. 내식은 매일매일 삼시 세끼를 해결하는 일상식을 의미했고, 외식은 좋은 날 밖에 나가 먹는 특별식을 의미했다. 이 "내식=일상식, 외식=특별식"의 구분이 흔들리고 있는 것이다. 집 근처 한식 뷔페의 외식이 집밥 같다는, 어느 30대 1인 가구 A씨의 말을 들어보자.

"솔직히 한식 뷔페는 아저씨들이 갈 것 같다는 편견이 있었거든요? 근데 이제 퇴근할 때 습관처럼 들러서 먹고 가요. 반찬 다양하고, 맛있고. 밖에서 먹지만 느낌은 집밥 같은 거죠."

― 자체 FGD 1인 가구 발화 중

반대의 경우도 있다. 재택근무를 주로 하는 디자이너 B씨는 대부분의 끼니를 덮밥이나 도시락 배달로 간단하게 때운다. 더구나 최근에는 샐러드 정기 배송을 시작하면서 샐러드로 밥을 대신하다 보니 평소에는 주방에 들어설 일이 거의 없다. 하지만 데이트가 있거나 생일 파티를 해야 할 때는 여자 친구나 동료들을 집으로 초대해 본인의 요리 솜씨를 마음껏 뽐낸다.

"중요한 행사가 있으면 저는 오히려 집에서 모이는 것을 좋아해요. 마켓컬리 같은 곳에서 홈 파티 세트를 주문하고, 철에 따라 랍스터나 대방어 같은 제철 음식을 배달시키는 거죠. 어떨 때는 웬만한 데나가 먹는 것보다 가격이 더 비싸지만, 그래도 요리 솜씨나 집 자랑도 할 겸해서요. 저만의 플렉스라고 할까요?"

– 자체 FGD 1인 가구 발화 중

식사의 스펙트럼이 넓어지고 유연해졌다. 집에서 만들었다고 다 같은 집밥이 아니다. 어제 배달시켜 먹고 남은 치킨에 불닭 소스를 넣고 볶아 즉석 밥과 함께 먹어도 집밥이지만, 위의 B씨처럼 노력과 비용을 들여 정성껏 차린 집밥은 고급 레스토랑에서의 외식에 가까운 집밥이다. 반대로 외식도 마찬가지다. A씨처럼 집 앞 한식 뷔페에서 늘 저녁을 해결한다면 소비자들은 그것을 그냥 내식으로 친다.

끼니 간의 격차가 커졌다. 그동안 식사의 차이는 다른 소비생활과 마찬가지로 '빈부격차貧富隔差'의 문제였다. 잘사는 사람들은 늘 기름지게 먹었고, 형편이 어려운 사람들은 대부분 거칠게 먹었다. 그러나 이제는 다르다. 과거보다 소득이 올라 밥을 굶는 사람은 거의 없어진 반면, 모두 일분일초를 다투며 살아야 할 만큼 바쁜 '분초사회'《트렌드 코리아 2024》

참조)를 살게 됐다. 돈보다 시간이 귀해진 것이다. 그 결과 식사에 있어서도 부자든 빈자든 '빨리 대충 해결해야 하는 한 끼'와 '제대로 각 잡고 먹고 싶은 한 끼'로 구분하게 됐다. 외부 식당의 음식을 언제 어디서든 편리하게 집 안에서 취식할 수 있는 배달 플랫폼이 크게 발달하면서 이러한 트렌드에 불이 붙었다. 나아가 가성비를 중시한 대중적 프랜차이즈 음식점이 늘어나고, 반면에 '파인 다이닝'이라 불리는 고급 레스토랑이 대거 등장하면서 식사 간에 격차를 둘 수 있는 선택의 폭도 크게 넓어졌다.

외식 같은 집밥, 집밥 같은 외식이 서로 뒤섞이고 그 사이로 배달이 뛰어들면서, 이제 현대인의 식생활에서 집 안팎의 공간을 기준으로 한 구분이 무색해졌다. 단순히 공간이 아닌, "이 한 끼의 목적이 무엇인가?"를 기준으로 식사가 구분되는 시대를 맞고 있는 것이다. 《대한민국 외식업 트렌드 Vol.2》에서는 이처럼 식사의 목적에 따라 자신의 시간·돈·노력을 선택적으로 집중해서 사용하며, 그 결과 한 끼 한 끼의 차이가 큰 폭으로 넓어지는 트렌드를 **'식사격차'**라고 정의하고자 한다.

오늘날 현대인의 식생활은 '노력을 덜어내고 최적의 효율을 추구하는 식사'와 '특별한 경험을 위해 아낌없이 노력과 비용을 투자하는 식사'로 나뉜다. 그래서 식사격차 트렌드는 두 가지로 구분할 수 있다. 첫 번째는 일상식을 먹을 때, 시간과 비용을 최소화하고 싶어 하는 'NO력 식사'다. 누가 만들었는지나 어디서 먹는지는 중요하지 않다. 허기를 채우는 한 끼는 최대한 간편하게 즐긴다. 힘들이지 않고 편히 해결할 수만 있다면, 간단히 밀키트나 가정 간편식HMR을 이용해 만들든, 배달을 시키든, 심지어 외식으로 해결하든, 다 같은 '한 끼'로 인식되는 것이다. 식사격차의 두 번째는 집 안에서든 집 밖에서든 식사를 '특별한 경험'으로 채우고 싶어 하는 소비자들의 변화를 의미하는 '매력 식사'다. 이제 사람들은 특별한 한 끼를 위해서는 시간을 들이고 비용을 지불하는 데 거침이 없다. 식사를 할 때도 시간과 비용을 투자할 가치가 있는지를 따져, 충분히 매력적이라면 나의 돈과 에너지를 아끼지 않는 것이다.

돈도 시간도 정보도 노력도 늘 부족하고 아쉬운 현대사회다. 집밥과 외식의 경계를 넘나들며 목적에 따라 시간과 비용을 극단으로 배분하는 소비자의 식생활 라이프를 NO력 식사와 매력 식사로 나누어 자세히 살펴보자.

① NO력 식사:
일상식에서는 노력 최소화

"옛날에 정말 사명감을 갖고 집밥 하나에도 메인에 반찬에 막 다 준비했는데, 이제는 메인만 해요. 나 먹자고 아침을 번거롭게 챙기느니 그냥 간편하게 먹자 하다 보니까, 어느 순간 아침이 없어졌어요. 시리얼, 요거트, 고구마 이렇게 간단식만 먹어요."

- 자체 FGD 60대 소비자 발화 중

《트렌드 코리아 2024》는 인공지능 혁명, 돌봄경제의 도래, 도파민 중독 등 굵직굵직한 트렌드를 모두 뒤로 하고 '분초사회'를 첫 번째 키워드로 제시했다. 할 일은 많은데 시간은 제한되어 있다 보니 안 그래도 "바쁘다 바빠"를 입에 달고 사는 한국 사람들에게 더욱더 시간이 중요해졌기 때문이다. 식생활에서도 예외가 아니다. 한국인의 일상식이 크게 달라지고 있다. 가장 두드러지는 변화는 삼시 세끼를 모두 차려 먹는 경우가 줄어들고 있는 것이다. 특히 아침 식사가 사라지고 있다. 질병관리청의 조사에 따르면, 아침 식사 결식률은 2022년 기준 34%로 지난 10년간 꾸준히 상승하는 추세다.[1] 아침을 거르는 가장 큰 이유는 시간으로, 점점 바빠지는 현대인의 일상에서 아침이 차지하는 비중이 감소하고 있다.

일상식의 동의어는 '간편한 한 끼'

이러한 이유로 일상식은 점점 '간편함'과 동일시된다. 1인 가구 뉴스레터 '혼삶레터'가 2030 세대 특화 리서치 플랫폼 '픽플리'와 함께 전국의 20~40대 1인 가구 자취생을 대상으로 음식 소비 습관에 관한 설문 조사를 진행한 결과, '식자재부터 손질해서 모든 것을 직접 요리하는 것이 집밥'이라고 정의하는 비중은 나이가 어릴수록 낮아졌다. 흥미로운 점은 20대의 경우 '통조림 햄, 참치 캔, 즉석 밥 등 가공식품을 활용하는 것까지 집밥'이라고 생각하는 비중이 월등히 높았다는 것이다. 이처럼 집밥의 기준이 보다 넓은 의미로 확대되고 있다. 이제는 일상의 식사를 꼭 집에서 자기가 스

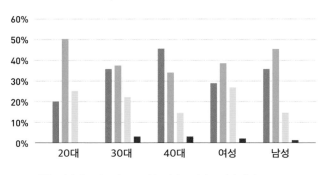

1인 가구가 생각하는 집밥의 기준

- 식자재 손질부터 모든 것을 직접 요리하는 것이 집밥
- 통조림 햄, 참치 캔, 즉석 밥 등 가공식품을 활용하는 것까지가 집밥
- 밀키트를 구입해 집에서 조리하면 집밥
- 배달 음식을 비조리로 주문해서 집에서 조리하면 집밥

출처: 데일리팝 리서치[2]

스로 차려 먹을 필요가 없어졌다.

　일상식을 간편하게 즐길 수 있는 서비스도 많이 등장하는 추세다. 가장 대표적인 사례로, 반찬 정기 배송 서비스를 들 수 있다. 스타트업 현관앞마켓은 대구·부산 전역과 경상남도 일부 지역을 중심으로 반찬·국·샐러드 세 가지 신선 식품을 주간 혹은 월간으로 구독할 수 있는 서비스 '현관앞키친'을 운영한다. 원하는 요일 배송 지정과 쉬어가기, 날짜 변경(미루기) 등이 쉽다는 게 장점이다. 소비자는 매일 새벽 3시부터 아침 7시 사이에 현관에서 신선 식품을 받아 식탁

일상식을 간편하게 즐길 수 있도록 돕는 반찬 구독 서비스
들이 주목받고 있다.

에 차리기만 하면 손쉽게 한 끼 식사를 완성할 수 있다.[3] 반
찬 구독은 특히 4050세대를 중심으로 급속히 확산되는 추
세다. 온라인 쇼핑 플랫폼 쓱닷컴에 따르면 신세계백화점 온
라인몰 식품 코너에서 반찬 구독을 이용하는 40~50대 비중
은 70%를 넘어선 것으로 나타났다. 2022년 12월 반찬 구독
서비스를 출시한 후로 매달 이용객이 전월 대비 두 배 이상
증가하고 있으며, 이러한 추세에 힘입어 신세계백화점은 반
찬 브랜드 '시화당', '도리깨침'과의 협업으로 반찬의 종류와
품질을 확장하고 있다.[4]

원팬 레시피와 한 그릇 요리가 뜬다

일상식에 소요되는 에너지를 최소화하고 싶어 하는 소비자에게 팬이나 냄비 하나로 뚝딱 해결하는 '원팬 레시피'는 최적의 솔루션이다. 원팬 레시피를 본격적으로 유행의 반열에 올린 계기는 '어남선 레시피'다. '어남선 레시피'는 KBS2〈신상출시 편스토랑〉에서 배우 류수영 씨가 선보인 메뉴들을 모은 것인데, 그의 본명을 따서 '어남선 레시피'로 불린다. 그중에서도 단 10분이면 근사한 파스타 요리가 완성되는 '원팬 파스타' 모음집은 유튜브에서 260만 회 이상의 조회 수(2024년 3월 기준)를 기록할 정도로 큰 주목을 받았다.

간편하게 한 끼를 먹고 싶은 니즈는 원팬 간편식으로 이어진다. 밀키트 시장에서는 더 간편하게 더 빨리 끼니를 대체할 수 있는 상품들이 출시되는 추세다. 밀키트 전문 기업 프레시지는 일찍이 '더이지the EASY' 밀키트 시리즈를 출시한 바 있는데, 더이지 원팬 파스타는 조리 과정을 축소해 조리 시간을 반 이상 줄였고, 라면처럼 하나의 팬으로 손쉽게 조리할 수 있도록 만들었다. 파스타에서 더 나아가, 오뚜기는 원팬 크림뇨끼를 선보였다. 이탈리아식 수제비라 불리는 뇨끼gnocchi는 집에서 만들기 번거로운 편인데, 원팬으로 간편

예전에는 집에서 만들기 어려운 요리로 손꼽혔던 솥밥이지만, 최근 1인용 솥밥 식기와 기계들이 등장하면서 '혼밥'으로도 간편히 즐길 수 있게 됐다.

하게 즐길 수 있다는 점을 내세워 1인 가구들을 겨냥했다.

한식에서도 한 그릇 요리가 유행이다. 한 그릇 요리란 국·찌개·반찬을 갖춰야 하는 한 상차림이 아닌 별다른 반찬 없이 한 그릇만 먹어도 끼니가 완성되는 음식을 뜻한다. 솥밥이 대표적이다. 그동안 솥밥은 아무나 만들 수 없는 어려운 메뉴였지만, 요즘에는 간편히 솥밥을 만들 수 있는 전기 돌솥밥 기계가 많이 보급돼 접근이 한결 쉬워졌다. 또 솥밥의 경우 솥 안에 밥과 각종 재료를 함께 넣어 만들기 때문에 반찬을 만들 필요가 없어 한 그릇 요리를 선호하는 이들의 관심을 끌고 있다.

레시피 콘텐츠 플랫폼 '우리의식탁'이 약 3,000건의 메뉴를 빅데이터로 분석한 결과에 따르면, 한 그릇 요리로서의 솥밥의 인기가 높은 것으로 나타났다. 가지솥밥·우엉솥밥·송이버섯솥밥 등 재료에 따라 자유롭게 변형이 가능하고, 충분한 영양소를 섭취할 수 있다는 점이 장점으로 작용한 것으로 보인다. 솥밥은 즉석 밥 시장에서도 주목하는 아이템이다. 2021년 CJ제일제당은 특허를 획득한 '햇반 솥반'을 출시했는데, 2023년 1월 기준 누적 판매량 1,000만 개를 돌파했다.[5] 솥밥의 유행으로 인해 무쇠 주물 냄비나 1인용 전기 돌솥밥 기계의 매출도 꾸준히 상승하는 추세다.[6]

칼이나 불 없이 하는 요리도 인기다. 가열조차 부담스러운 사람들은 SNS를 통해 더 쉽게 끼니를 해결할 수 있는 팁을 공유한다. 불 없이 어떻게 요리가 가능할까. 밥에 오이·양파·닭가슴살·참치 등을 넣고 간장이나 참기름에 비벼 먹는 식이다. 여기에 낫토·김 등을 취향에 맞게 추가하는 등 다양한 버전의 '오이비빔밥'이 화제가 되기도 했다.

불 없이 한 끼를 해결한다는 측면에서 샐러드도 각광받는다. '우리의식탁' 검색 키워드 순위를 살펴보면 샐러드는 2023년 7월 21위에서 12월에는 3위로 올라서며 꾸준히 성

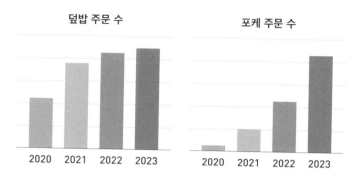

덮밥과 포케의 메뉴 주문 수 변화

덮밥 주문 수

2020 2021 2022 2023

포케 주문 수

2020 2021 2022 2023

출처: 배민외식업광장 ceo.baemin.com

장세를 기록했다.[7] 예전에 샐러드가 식사의 시작을 알리는 스타터로의 역할을 담당했다면, 요즘 샐러드는 그 자체로 한 끼 식사를 대체한다. 샐러드와 식사의 경계가 흐려지면서 재료도 다양해지는 추세다. 이런 트렌드 속에서 하와이의 전통 음식 포케Poke도 관심을 끌고 있다('푸드밸런스' 참조).

일상식에 쓰는 돈을 최대한 아끼는 사람들

NO력 식사는 식사에 드는 시간이나 수고뿐만 아니라, 비용도 최소화하는 것을 추구한다. 예를 들어 고물가로 인해 배달비가 부담스러운 소비자들은 최소 주문 금액에 맞춰 배달비를 아낀다('식별력' 참조). 문제는 최소 주문 금액을 맞추다 보면 음식의 양이 너무 많아진다는 것이다. 특히 1인 가구가 늘어난 지금은 한 번 주문한 음식을 냉장고에 쟁여두고 몇 번씩 먹어야 하는 상황이 발생하기 마련이다. 이때 구원투수가 바로 소스다. 예를 들어 최소 금액을 맞추기 위해 샌드위치를 3개 시켰다고 가정해보자. 첫날은 기본 샌드위치를 먹는다. 다음 날은 불닭 소스를 곁들여 매운 샌드위치를 만들어 먹고, 셋째 날은 청양고추와 마요네즈를 섞어 청양마요 샌드위치를 먹는 식이다. 이러한 트렌드에 맞춰 소스 시장이 커지는 추세다. 특히 라면으로 즐기던 맛을 액상 소스로 출시한 제품들이 인기인데, 소스 시장은 2조 원대인 라면 시장 규모보다 성장세가 빠르고 확장성도 무궁무진하다는 평가를 받는다.[8]

간편한 일상식은 집의 대문도 넘어선다. 저렴한 가격으로 손쉽게 식사를 해결할 수 있는 가장 확실한 방법으로 한식 뷔페가 주목받고 있다. 빅데이터 분석 서비스 썸트렌드에 따르면 2023년 9월 18일부터 10월 17일까지 한 달간 온라인 상에서 '한식 뷔페' 검색량은 전년 동기 대비 6.58% 증가한 것으로 나타났다. 한식 뷔페의 가격은 대부분 8,000원에서

1만 원 수준으로 서울 시내의 자장면 한 그릇 평균 가격이 7,000원을 넘어선 것을 감안하면 가성비가 높은 편이다.

서울 성북구 '번동식당'은 인근 주민들 사이에 핫한 한식 뷔페로 유명하다. 집과 비슷한 분위기에서 익숙한 메뉴를 먹을 수 있어 '밖에서 먹는 편한 집밥'으로 통한다. 정액제 한식 뷔페로 가격이 비교적 저렴하고, 반찬과 국이 랜덤으로 차려지기 때문에 메뉴 선택의 고민을 줄여준다는 점도 인기 요인으로 꼽힌다. 가성비 뷔페는 직장인과 젊은 세대의 점심 식사를 해결하는 대안을 넘어 가족이 일상적으로 식사를 즐기는 장소로까지 확장되고 있다.

시장조사 전문 기업 마크로밀 엠브레인이 전국 성인 남녀 1,000명을 대상으로 진행한 설문 조사에 따르면 전체 응답자 중 96.4%가 "최근 1년 안에 뷔페식 음식점을 방문했다"고 응답했는데, 특히 저연령층인 20대(92.8%)와 가족 구성원 수가 많은 30대, 40대(각각 88.0%, 86.0%)의 비중이 높은 것으로 나타났다.[9] 이는 가성비를 앞세운 뷔페만이 살아남는 최근 시장의 분위기를 잘 보여준다고 할 수 있다.

② 매력 식사:
아껴둔 시간과 돈이 향하는 곳

NO력 식사로 자원을 최대한 아꼈다면, 그렇게 아낀 시간과 돈은 고스란히 매력 식사로 향한다. 배달의민족 앱에서 진행한 설문 조사 결과에 따르면 "맛집을 방문함에 있어서 거리는 상관하지 않는다"라는 응답이 모든 세대에서 15% 이상의 높은 비율을 보였다. 일상식에서 극도의 효율성을 따지는 모습과는 정반대의 현상이다. 그렇다면 사람들이 특별식에 시간과 돈을 투자할 만하다고 가치를 느끼는 요소는 무엇일까?

지갑을 여는 식사는 따로 있다

확실한 콘셉트는 매력 식사에 시간과 돈을 투자하는 유인이 된다. 서울 중구에 위치한 '주신당'은 요즘 제일 핫한 동네,

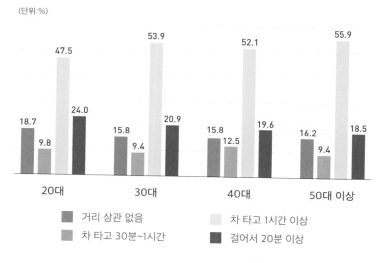

맛집을 방문하기 위해 이동 가능한 시간

(단위:%)

- 20대: 18.7 / 9.8 / 47.5 / 24.0
- 30대: 15.8 / 9.4 / 53.9 / 20.9
- 40대: 15.8 / 12.5 / 52.1 / 19.6
- 50대 이상: 16.2 / 9.4 / 55.9 / 18.5

■ 거리 상관 없음   ■ 차 타고 1시간 이상
■ 차 타고 30분~1시간   ■ 걸어서 20분 이상

출처: 자체 설문 조사(배달의민족 앱에서 진행)

힙당동(힙+신당동)을 대표하는 곳이다. 기와를 얹은 목제 단상으로 만든 출입구에 촛불이 여럿 배치되어 있는 모습이나 볏짚으로 상부를 장식한 가게의 외관만 봤을 때는 마치 오래된 무당집 같다. 하지만 공간에 진입하는 순간 분위기는 달라진다. 다양한 종류의 식물들이 칵테일 바 내부를 장식한 가운데, 보라색·빨간색 등 다양한 빛깔의 조명이 신비로운 분위기를 자아낸다. 주신당은 오래된 술을 모시는 신당이라는 콘셉트로 2019년 문을 연 칵테일 바인데, 최근 신당동이

레트로 열풍을 타고 다시 부상하면서 이곳 역시 2030세대들의 성지로 떠올랐다.

더 나아가 다이닝에 퍼포먼스가 곁들여지기도 한다. 단순히 허기를 채우는 것이 아니라 듣고, 보고, 즐기는 오감 만족 다이닝은 돈과 시간을 들여서라도 꼭 가보고 싶다는 마음을 자극한다. 여기 세상에서 가장 작은 셰프가 있다. 손님이 테이블에 앉으면 신장이 채 6센티미터가 되지 않는 쁘띠 셰프가 나타나 한 편의 요리 쇼를 보여준다. 식당 천장에 달린 프로젝터가 3D 맵핑 기술을 활용해 영상을 송출하는 방식인데, 이때 테이블은 캔버스가 된다. 손님이 주문한 음식에 따라 테이블은 때로는 숲이 되기도 하고, 농경지가 되었다가, 바다로 바뀌기도 한다. 테이블 위의 쁘띠 셰프가 식재료를 다듬어 조리한 후 접시에 담고 뒷정리를 시작하면, 영상에서 봤던 요리가 손님들에게 서빙된다. '르 쁘띠 셰프Le Petit Chef'라고 불리는 이 다이닝 프로젝트는 필립 스텍스와 안톤 버벡이 운영하는 예술가 집단인 '스컬매핑Skullmapping'의 아이디어로 탄생했는데, 국내에서는 2023년 11월 콘래드 서울에서 선보였다.

연극이나 뮤지컬과 식당·펍 등을 결합한 좀 더 대중적

3D 맵핑 기술을 활용해 작은 요리사가 테이블을 위를 이리 저리 뛰어다니며 요리하는 모습을 보여주는 '르 쁘띠 셰프'. 이처럼 특별한 식사를 경험할 수 있다면, 사람들은 주저 없이 지갑을 연다.

인 형태의 외식 공간도 꾸준히 늘어나는 추세다. 국내 최초로 뮤지컬과 펍을 결합한 이색 공간 '뮤지컬펍 커튼콜'이 2023년 12월 서울 종로구 혜화역 부근에 오픈했다. 뮤지컬과 캐주얼 다이닝을 동시에 즐길 수 있는 것이 특징인데, 이곳에서는 웨이터가 곧 배우다. 담당 테이블을 서빙하던 웨이터가 무대에 올라 〈킹키부츠〉, 〈렌트〉, 〈웃는 남자〉 등의 국내외 뮤지컬 넘버를 부른다. 입장할 때 공연 티켓을 주거나 공간 한편에 캐스팅 보드를 붙여놓는 등 실제 공연장 분위기를 그대로 재현했는데, 이러한 독특한 콘셉트로 인해 요즘 젊은 층 사이에서 꼭 가볼 만한 데이트 코스로 떠오르고 있다. 이 외에도 연극을 보며 가벼운 술과 안주를 즐기는 '맥거핀씨어터', 뮤지컬을 테마로 한 코스 요리를 제공하는 '몽 드샬롯' 등 특별한 식사를 위해 시간과 노력을 아끼지 않는 2030 세대의 최애 식당은 진화를 거듭하는 중이다(《대한민국 외식업 트렌드 Vol.1》, '5. 이야기 식당' 참조).

> "소비를 할 때 단순히 먹고 마시는 것이 아니라, 그때 공간이 주는 만족감을 더욱 원한다는 것을 느끼게 되었어요."
>
> - 요리주점 사장님 인터뷰 중

음식만큼 중요한 건 압도적인 공간 경험

최근 외식에서 가장 주목받는 매력 요소는 압도적인 공간감 이다. 2023년 8월 서울 송파구에 위치한 롯데호텔 월드점 이 40년 만에 대대적인 재단장을 거쳤는데, 특히 롯데호텔 의 대표적인 뷔페 레스토랑 '라세느'의 미디어 파사드룸이 눈길을 끈다. 외벽 등에 LED 조명등을 설치해 미디어 기능 을 구현한 거대 미디어 파사드를 통해 세계 자연 명소 6곳 이 펼쳐진 공간에서 식사를 즐길 수 있고, 손님이 준비한 텍 스트나 이미지 송출도 가능하게 한 것이다.[10] 한편, 서울 강 남구 논현동에 위치한 '카니랩'은 국내 최초 몰입형 파인 다이닝을 표방하는 곳으로, 바다로의 신비로운 여정을 주제로 전개되는 미디어 아트와 코스 요리로 인기를 끌고 있다.[11]

공간 경험은 이제 카페에서도 무시할 수 없는 요소다. 2023년 8월 전라남도 여수시 돌산읍에 개점한 '스타벅스 더여수돌산DT점'은 무려 100평 규모의 대형 카페다. 만성리 검은모래해변, 하멜등대, 동백꽃 등 여수의 여러 상징 요소를 인테리어에 반영하여 명소로 떠올랐는데, 여수의 아름다운 자연과 어우러진 특별한 스타벅스를 경험하기 위해 멀리서 찾아오는 방문객의 숫자가 오픈 후 한 달간 하루 평균 2,500명에 달했다.[12] 매력적인 공간에 시간과 돈을 아끼지 않는 트렌드가 계속되면서 이러한 특화 매장 전략이 확산되는 추세다. 최근 경기도 김포와 파주를 중심으로 문을 열고 있는 대형 카페와 베이커리들 역시, 이미 포화 상태에 접어든 커피 시장에서 대규모 고객을 유인하기 위해서는 새로운 공간 경험에 주목할 필요가 있다는 점을 보여준다.

주신당을 만든 TDTD 장지호 대표의 '메일룸 신당'도 화제다. 옛 유럽 우체국의 감성을 느낄 수 있는 카페 공간이다. 색 바랜 벽지와 손때 묻은 소품이 오래된 세월을 생생하게 재현하는 것도 흥미롭지만 이곳의 핵심은 다름 아닌 주문

특별한 콘셉트가 있는 공간 경험이 중요해지고 있다. 외국의 오래된 우체국 느낌이 물씬 풍기는 '메일룸 신당'은 열쇠로 서랍을 열어 주문한 메뉴를 가져가는 독특한 이용 방식으로 고객들에게 큰 인상을 남겼다.

방식이다. 주문지에 메뉴명을 적어 건네면 번호가 적힌 열쇠를 주는데, 이 열쇠로 서랍을 열어 직접 메뉴를 가져가야 한다. 마치 오래된 편지를 받았을 때의 설렘을 느낄 수 있다. 또한 이곳에서 판매하는 편지지와 우표를 구매해 편지를 쓰고 편지함에 넣으면 한 달에 한 번씩 직접 부쳐주기도 한다. 디지털을 넘어 인공지능을 말하는 시대에, 역으로 아날로그 경험이 2030세대를 이곳으로 불러 모으고 있다.

밖에서 먹어야만 특별한 건 아니니까

집에서 먹어도 목적이 특별하다면 시간과 돈을 투자하는 매력 식사가 될 수 있다. 특히 배달과 포장 주문이 발달하면서 집에서도 특별한 메뉴를 즐기는 소비자들이 많아졌다. 이러한 변화는 집 안에서 즐기는 파티용품의 매출 증가에서 엿볼 수 있다. 온라인 쇼핑몰 지마켓이 2022년 추석 명절을 2주 앞두고 상품 판매량을 분석한 결과, 그전 해 추석 명절과 비교해 차례상 준비 물품 판매는 줄고 홈 파티 물품 판매는 증가한 것으로 나타났다.[13] 이러한 변화는 과거에는 식당을 찾아야 제대로 먹을 수 있던 고급 메뉴들을 이젠 어디에서든 받아볼 수 있게 됐기 때문이라고 해석할 수 있다.

그동안 파인 다이닝의 상징처럼 여겨졌던 '오마카세(맡김 차림)'도 배달 서비스를 시작하고 있다. 예를 들어 서울 용산구에 위치한 '쿡 투 게더Cook to Gather'는 집에서도 최고급 코스 요리를 즐길 수 있도록 '쿡 투 게더 앳 홈'이라는 오마카

세 도시락 배달 서비스를 시작했다. 쿡 투 게더는 한국에 생소한 '이로리' 요리를 제대로 선보인다는 취지로 전국에서 공수한 제철 식재료로 다양한 요리를 만들어내고 있다. 이로리いろり란 '지자이카기じざいかぎ'라는 갈고리에 냄비를 걸어 밥을 짓거나 차를 끓이는 용도로 사용하는 우리나라의 온돌과 같은 일본의 전통 난방장치다.

미국 뉴욕에 위치한 북유럽 음식 전문 미쉐린 2스타 레스토랑 '아쿠아빗Aquavit'은 스웨덴식 상차림 스모가스보르드 smörgåsbord를 테이크아웃으로 제공해 집에서도 코스 요리를 즐길 수 있게 했다. 다이닝룸에서 이루어지는 음식 설명은 설명서로 대신한다. 이 메뉴를 주문하면 어떤 음식을 먼저 먹고 어떤 소스와 함께 어떻게 먹어야 하는지 상세하고 친절하게 써놓은 종이가 함께 온다. 청어절임과 감자로 시작해서 치즈를 곁들이고 스웨덴식 연어 요리 그라브락스gravlax, 그리고 스웨덴 미트볼로 이어지는 식사를 하다 보면 마치 잘 설계된 코스 요리를 먹는 기분이 든다.

실제로 배달 품목도 고급화하고 있다. 배달의민족 데이터에 따르면, 연말과 연초(12월과 1월)에는 대게·숙성회·한우 등 단가가 높은 품목의 주문 수가 증가하고, 크리스마스에는 와

수십만 원에 달하는 랍스터 요리도 배달이 되다니! 집에서 즐기는 배달 음식이 점점 고급화되고 있다.

인이 2.3배 더 많이 주문되는 것으로 나타났다. 2020년 기준 배달의민족에서 배달된 음식 중에 가장 비쌌던 것은 서울 서초구에 위치한 한 해산물 레스토랑의 킹크랩 랍스터 세트였는데, 배달 음식 중 최고가인 48만 원을 기록했다고 한다. 이러한 변화는 배달 음식의 한계가 계속 넓어지고 있음을 보여준다. 요즘엔 와인 페어링·할랄 음식도 배달이 가능하다고 한다.[14]

선택적 노력 배분의 시대, 식사도 예외가 아니다

이제 장소의 구분은 모호해지고, 투자하는 노력의 정도가 식사의 성격을 결정짓고 있다. 최소한의 노력으로 끼니를 해결하려는 'NO력 식사'와 에너지를 총동원하는 '매력 식사'의 차이가 극명해지는 식사격차 트렌드는 왜 등장하게 되었을까?

우선 코로나19를 겪으며 시간과 공간의 개념이 바뀌었다는 사실을 지적할 수 있다. 코로나19 팬데믹은 재택근무·유연 근무·원격 수업을 활성화시키며 학교·회사 등 공동체의 시간 기준을 희미하게 만드는 계기가 되었다. 개인이 시간 사용의 재량권을 갖게 되면서 정해진 식사 시간을 지킬 필요가 없어졌고, 일상에서는 효율적인 시간 관리를 지향하게 되었다. 남는 시간을 더 중요한 곳에 쓰기 위해 빠르게 해결하는 일상식이 일반화된 것이다. 실제로 배달의민족 앱 이용 고객을 대상으로 한 설문 조사 결과, '일상적인 식사'에서 더 중요해진 것으로 '음식의 맛' 다음으로 '가성비', '간편함'이 가장 많이 언급되었다. 즉, 노력을 최소화할 수 있는 일상식을 선호한다는 뜻이다.

공간에 대한 고정관념도 변화했다. 코로나19 이후로 사람들이 집 안에 머무르는 시간이 늘어나면서, 집은 일상적인 활동을 하는 공간 이상의 역할로 기능하게 되었다. 동시에 '집밥'의 범위가 크게 확장되었는데, 재료 손질부터 조리까지 모든 것을 담당하지 않아도 반찬이나 도시락 구독부터 배달과 밀키트까지 모두 집밥의 영역이 되었다. 이제 집에서도 대게·랍스터·스테이크 등 파인 다이닝을 충분히 즐길 수 있다. 이러한 배경에서 외식이 특별한 식사로 분류되던 과거에 비해 장소의 역할이 미약해졌고, 사람들은 식사를 보다 '뚜렷한 목적'으로 구분하는 경향을 보이게 된 것이다.

또 한 가지 빼놓지 말아야 할 식사격차의 배경으로, 고물가와 경기 둔화의 영향에 따른 '보상 심리'를 지적해야 할 것이다. 경제 불황으로 소비자의 실질 소득이 감소하면서 쓸데없는 지출의 규모를 최대한 줄이려는 양상이 나타나고 있다. 따라서 초저가 상품과 가성비에 집착하는 절약형 소비를 지향하는데, 한편으로는 이렇게 아낀 돈으로 한번 먹을 때 제대로 즐기려는 보상 심리가 작동한다는 것이다. 외식의 횟수는 줄이더라도 특별한 목적을 갖거나 가치를 두는 식사에는 프리미엄한 소비를 추구하는 응축 소비가 보편화하고 있다.[15]

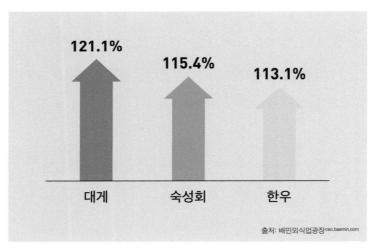

연말연초 주문 수가 높아진 메뉴

121.1% 대게
115.4% 숙성회
113.1% 한우

출처: 배민외식업광장ceo.baemin.com

사장님을 위한
트렌드 활용 팁 ✧

이처럼 일상에서는 노력을 확실하게 덜어주는 식사, 특별한 날에는 매력적이고 차별화된 경험을 할 수 있는 식사를 추구하는 경향이 높아지고 있다. 소비자들이 끼니를 해결할 수 있는 방법이 많아진 만큼 식사의 목적은 점점 더 분명해지고, 식사격차 현상도 더욱 벌어질 것으로 보인다. 이러한 트렌드에 대응하기 위해 사장님들은 어떤 전략을 취해야 할까? 꼭 필요한 첫 번째 작업은 우리 가게가 'NO력 식사'와 '매력 식사' 중 어떤 것을 제공할 수 있을지 고민하고, 분명한 포지션을 잡는 일이다.

NO력 식사: 옵션 기능과 소분화 메뉴를 활용하라

NO력 식사를 추구하는 상황이라면 첫째, 고객 맞춤형 옵션으로 적절한 선택권을 제공할 필요가 있다. 예를 들어 고객이 빠르게 끼니를 때워야 하고, 깔끔한 뒤처리까지 원한다면 기본으로 제공되는 반찬이나 국물은 애물단지가 될 수도 있다. 따라서 배달 시 고객이 원하는 조합으로 주문할 수 있도록, 기본적인 메뉴 구성은 심플하게 두고 추가 반찬이나 토핑은 '옵션 기능'을 적극 활용하는 것이 좋다. 이는 고객에게 선택권을 부여해 경쟁력을 높일 수 있을 뿐 아니라, 메뉴판에 표시되는 기본 단가를 더욱 저렴하게 제시해서 주문 허들을 낮출 수 있게 도와준다. 더하는 옵션이 아닌 '빼는 옵션'도 고객의 취향을 저격하는 방법이 될 수 있다. 예를 들어 샐러드나 포케처럼 다양한 재료를 한 그릇에 담는 메뉴는 원하지 않는 재료를 뺄 수 있도록 옵션을 만들 수 있을 것이다.

둘째, 대용량 소분화 메뉴를 활용하는 것도 좋은 방법이다. 최근 외식 물가가 오르면서, 한 번의 배달로 여러 끼니를 해결하고 싶어 하는 사람들이 증가하는 추세다. 우리 가게의 메뉴 양이 1인분보다 많은 편이라면, 소분 옵션을 더해보자. 예를 들어 '본죽'에서는 기본 포장에 더해 '2개로 나눠서 포장', '3개로 나눠서 포장' 등 다양한 소분 옵션을 제공한다.

고객은 한 번의 배달로 여러 번의 끼니를 해결할 수 있는 셈이다. 커피도 마찬가지다. 최근 많은 카페에서는 음료를 얼음 없이 캔에 담아 제공하는 '대용량 메뉴'를 판매하고 있다. 얼음이 녹을 걱정이 없으니, 커피를 하루에 여러 잔 마시는 사람이라도 커피를 한 번에 주문해 배달비를 아낄 수 있고, 최소 주문 금액을 채우는 것에도 유리하다. 얼음이 녹아 맛이 변할 염려도 없다. 가성비와 품질을 모두 충족할 수 있는 방법인 셈이다.

매력 식사: 우리 가게만의 플러스알파를 개발하라

반대로, 매력 식사라면 우리 가게가 제공할 수 있는 '경험'을 정의하고 고민해야 한다. 배달의민족이 실시한 설문 조사에서 고객들이 '특별한 식사'에서 중요하게 고려하는 요인을 질문한 결과 '맛' 다음으로 '공간과 서비스' 항목이 2위를 차지했다. 즉, 특별한 목적으로 식사를 할 때, 해당 공간에서 느낄 수 있는 체험 요소를 꽤 중요하게 생각하는 것을 알 수 있다. 따라서 고객들이 특별한 식사를 위해 우리 가게를 찾기를 바란다면 맛 외의 '플러스알파' 요인이 반드시 있어야 한다. 이때 플러스알파 요인이란, 가게의 인테리어가 될 수도 있고, 식사를 즐기는 방식이 될 수도 있다. 사장님 특유의 개성과 고객을 대하는 접객 방식 또한 매력 요소가 될 수 있을 것이다('주인장 브랜딩' 참조).

반드시 오프라인 공간에서만 매력 요소를 실현할 수 있는 것은 아니다. 배달 앱에서는 어떻게 특별한 경험을 제공할 수 있을까? 배달의민족에서 진행한 설문 조사에 따르면, 배달의민족 앱 고객의 64.1%가 가게 특선 메뉴에 관심 있다고 응답했고, 그중에서도 '오늘의 특별식 메뉴'에 대한 선호도

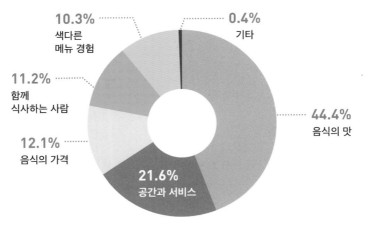

**특별한 식사 시
더욱 중요하게 고려하는 요소**

10.3%
색다른
메뉴 경험

0.4%
기타

11.2%
함께
식사하는 사람

44.4%
음식의 맛

12.1%
음식의 가격

21.6%
공간과 서비스

출처: 배민외식업광장ceo.baemin.com

가 가장 높았다. 가끔은 배달을 통해서 특별한 식사 시간을 즐기고 싶은 고객들을 타기팅하여 주말에만 선보이는 한정 메뉴, 연말에 기분 내고 싶은 고객을 위한 주방장 특별 메뉴, 밸런타인데이 같은 기념일에 먹기 좋은 연인을 위한 이벤트 메뉴 등 다양한 목적에 맞는 콘셉트 메뉴를 개발할 수 있을 것이다. 이런 메뉴라면 다소 높은 가격이라도 고객의 저항감 은 낮아질 수 있다.

시간은 없지만 끼니는 편하게 해결하고 싶고, 돈은 없지 만 경험은 근사하게 누리고 싶다. 현대인의 욕망은 끝이 없 다. 소비자들은 점점 더 식사의 목적에 따라 어떻게 하면 시 간과 예산 자원을 효율적으로 분배할 수 있을지를 고민하게 될 것이다. 따라서 앞으로는 NO력 식사와 매력 식사의 경계 가 더 선명하게 드러날 가능성이 크다. 이런 상황에서 가장 경계해야 할 태도는 어중간한 포지션을 유지하는 것이다. 아 주 싸거나, 편리하거나, 이색적이거나, 매력적이거나…… 등 등 분명한 콘셉트가 필요하다. 소비자가 우리 가게를 선택해 야 하는 단 하나의 이유는 무엇인가? 이제 스스로에게 물어 야 한다. 뾰족하게 날을 세우는 전략이 필요한 시점이다.

핵심 요약
식사격차

🔍 NO력 식사

시간이 그 무엇보다 귀해진 시대, 이제는 끼니 간의 격차도 커졌다. 요즘 소비자들은 '빠르게, 노력 없이, 즉시 해치울 수 있는 한 끼'를 위해 가장 효율적인 길을 찾아 나선다. 반찬 구독 서비스와 '원팬 파스타' 등의 간편식이 사랑받는 이유도 여기에 있다. 식사에 투자하는 비용 역시 최소화해야 마땅한 것이 됐다. 저렴한 가격으로 집밥 기분을 낼 수 있는 한식 뷔페, 중에서도 특히 가성비를 앞세운 식당들의 인기가 나날이 치솟는 중이다.

🔍 매력 식사

NO력 식사를 통해 절약한 돈과 시간은 곧 매력 식사에 투입할 자원이 된다. 일상식을 먹을 땐 최소한의 노력으로 최대한의 효율을 얻었다면, 특별식을 먹을 땐 '내 취향에 꼭 맞는 힙한 식당'에 듬뿍 투자하는 것이다. 최근에는 식당 사장님들도 이러한 트렌드에 발맞추고 있다. 뮤지컬과 펍을 결합한 공간, 미디어 아트를 선보이는 레스토랑 등 참신한 콘셉트로 고객을 유인하는 식당이 늘었다. 대게, 숙성회, 한우 등 단가가 높은 메뉴들도 배달 시장에 터를 잡는 중이다.

☑ NO력 손님 저격법: 손님이 해야 할 일, 미리 덜어주기

NO력 식사를 원하는 손님은 '뒤처리'까지 식사 경험에 포함시킨다. 그러니 분리수거와 설거지, 음식물 처리 과정을 최소화해줄 식당을 찾는 것도 당연하다. 이들을 위해 밑반찬, 기본 국, 소스 등을 제외할 수 있는 선택지를 제공해보자.

☑ NO력 손님 저격법: 소분화 옵션으로 NO력 돕기

소분화 옵션과 얼음 제외 옵션을 추가하는 것도 효과적인 전략이다. 일단 한 번에 많은 양을 시킨 뒤 며칠에 걸쳐 소분해 먹으며 자원을 아끼는 손님이 늘었기 때문. '2개로 나눠서 포장' 등의 옵션을 제시한다면, 그들의 마음을 사로잡을 수 있을 것이다.

☑ 매력 손님 저격법: 맛 이외의 '플러스알파' 갈고닦기

독보적인 콘셉트와 인상적인 공간 경험은 매력 손님을 사로잡는 핵심 요소다. 우리 가게의 정체성을 한 줄로 정리한 후, 그 정체성을 어떤 콘셉트로 어떻게 구현해낼 수 있을지를 고민해야 한다.

☑ 매력 손님 저격법: 배달 앱을 통해 큐레이션 건네기

풍부한 서비스 경험은 배달 앱을 통해서도 제공할 수 있다. 우선은 '오늘의 메뉴'나 '주방장 추천 메뉴', '주말 한정 메뉴'처럼 우리 가게의 정체성이 담긴 큐레이션을 건네보자. 밸런타인데이, 크리스마스 등의 기념일은 특별 메뉴를 선보일 찬스나 다름없다.

KEYWORD 7

식스틸러

외식업에서 그동안 주목하지 않던 소비자층이 눈길을 사로잡고 있다. 바로 10대와 50~60대다. 대부분 용돈으로 생활하니 소비력이 크지 않을 거라고 여겨졌던 10대, 그리고 외식이나 배달보다는 집에서 해 먹는 밥을 선호할 것이라 짐작되던 50대 이상 소비자의 외식과 배달 비중이 높아지고 있는 것이다. 2019년부터 2023년까지 배달의민족 앱 연령별 사용량을 보았을 때, 10대와 50대 이상의 고객은 각각 200%, 150% 증가하며, 다른 연령대에 비해 높은 증가율을 기록했다.

새로운 음식 도전에 거부감이 없고 자신의 입맛에 딱 맞는 음식을 주도적으로 정하는 활력 넘치는 '익사이팅exciting'한 10대, 그리고 젊은 세대 못지않게 유행하는 음식과 맛집에 민감하며 여유로운 시간과 경제력을 바탕으로 새로운 미식美食 경험을 추구하는 중년中年, 이들을 각각 '익사이틴'과 '미식중년'이라고 부르고자 한다.

영화나 드라마에서 주인공은 아니지만 장면 하나하나에 큰 영향력을 발휘하며 시선을 사로잡는 조연을 '신스틸러scene stealer'라고 한다. 《대한민국 외식업 트렌드 Vol.2》에서는 그동안 조연으로 치부됐지만, 이제 새로운 식문화를 만들

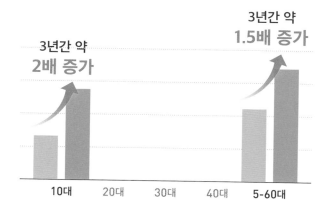

배달의민족 앱
고객 연령별 사용량 증가율

3년간 약
2배 증가

3년간 약
1.5배 증가

10대 20대 30대 40대 5-60대

출처: 배민외식업광장 ceo.baemin.com

어나가며 외식산업의 라이징 소비자가 된 익사이틴과 미식
중년을 함께 '**식스틸러**食+stealer'라고 명명한다.

① 익사이틴,
재미와 모양으로 색다르게 먹다

10대라고 하면 '틴에이저teenager', 그러니까 13~19세의 청소년을 주로 떠올리지만, 외식산업에서는 말 그대로 10~19세, 초·중·고등학생을 모두 포함해서 고려해야 한다. 아침은 거르는 경우가 많고, 점심은 학교에서 급식으로 먹으며, 저녁은 학원 근처에서 해결하는 등 비슷한 취식 패턴을 보이기 때문이다. 익사이틴은 소위 '알파세대'라고 불리는 연령대다. 그들은 신세대의 기수였던 X세대(1970년대생) 부모에게서 이전과는 완전히 다른 방식으로 길러졌으며, 코로나19 사태에 직접적인 영향을 받으며 자랐다. 그래서 저마다의 개성을 존중하고 "나는 나대로, 너는 너대로 세상에서 유일한 사람"이라는 정체성이 강하며, 자기중심성이 강해 "제일 중요한 것은 나"라는 생각을 당연하게 가지고 있다.[1]

집밥? 꼭 먹어야 하나요?

이들은 '집밥'이라는 개념이 매우 약한 세대다. 기성세대의 경우 같은 시기에 아침은 집에서 챙겨 먹고, 점심은 어머니가 싸주신 도시락을 먹은 후, 저녁도 가족과 함께 먹는 등 삼시 세끼를 거의 가족이나 친구와 함께 한식 위주의 집밥을 먹으며 자랐다. 하지만 익사이틴들은 어린이집이나 유치원을 다닐 때부터 하루 한 끼는 급식으로 먹었다. 초등학교 고학년을 지나 중·고등학교로 가면, 아침밥은 늦게 일어나 거르고, 등교 후 출출함은 자판기나 매점을 통해 빵이나 과자로 때운다. 균형 잡힌 식단의 점심 급식이 거의 유일하게 제대로 된 한 끼지만, 이를 거르는 일도 잦다. 자신이 선택한 메뉴가 아니기에 입에 맞지 않거나 맛이 없다고 생각하는 경우가 많고, 그래서 매점에 달려가 군것질로 속을 채우곤 하는 것이다. 학교가 끝나도 곧바로 귀가하지 않고 '스카(스터디 카페)'나 학원 근처의 편의점과 분식점에서 저녁을 대신하는 일이 많다.

> "평일 아침은 거의 안 먹고, 학교 가서 너무 배고프면 이제 가끔씩 과자 조그만 거 하나씩 먹어요."

"아침에 간단히 해 먹는 것 같고, 급식은 보통 아주 조금만 먹어요. 학교 끝나고 도서관 갈 때 컵라면, 삼각김밥 이런 거 먹고요."

"급식은 제가 선택한 게 아니라서 별로 많이 먹고 싶지도 않아요. 왜냐면 복불복이니까. 그래서 급식은 별로 안 먹어요."

- 자체 FGD 10대 소비자 발화 중

한마디로 익사이틴은 집밥을 별로 먹지 않고 성장한 세대다. 이는 이들이 마라탕이나 탕후루처럼 독특한 맛에 쉽게 빠져드는 중요한 배경 중 하나이기도 하다. 익사이틴은 학교와 학원에서 받는 스트레스를 먹는 것으로 푸는 경우가 많다. 생활 반경 내에서 쉽게 접할 수 있으며, 본인이 가진 비용으로 선택이 가능한 소비생활인 '맛있는 거 먹기'가 가장 쉬운 즐거움이기 때문이다. 출생과 동시에 스마트 기기와 인공지능 제품을 접하고, 로블록스Roblox 같은 메타버스도 삶의 중요한 일부인 세대이기에 다양한 문화에 대한 수용성이 높다. 그러다 보니 SNS를 통해 알게 되는 특이하고 자극적인 음식을 시도하는 것 자체가 놀이로 받아들여진다. 즉, 이들에게 음식은 단순한 식사가 아니라 즐거움과 창의성의 표현인 것이다.

이들은 외식을 자주 한다. KB국민카드가 발표한 2022년 중·고생 소비트렌드 분석에 의하면, 중·고등학생 체크카드 이용 금액이 높은 업종은 음식점(30%), 전자 상거래(24%), 편의점(8%) 순으로 음식점이 단연 1위다. 남학생은 햄버거 전문점, 커피 전문점, 한식·백반집 순으로, 여학생은 커피 전문점, 마라·샹궈·훠궈 전문점, 떡볶이 전문점 순으로 이용 비중이 높았다

10대는 스스로 배달도 자주 시킨다. 끼니때 집에 왔는데 부모님이 없는 경우에는, 부모님이 배달 앱으로 자녀가 먹고 싶다는 것을 대신 주문해주거나, 배달의민족 앱의 '가족계정' 같은 기능을 활용해 자녀가 직접 시켜 먹기도 한다(결제 는 사전 등록된 부모님의 카드로 진행). 배달의민족 앱 사용량에서 10대의 비중이 지난 3년간 2배나 증가했다. 배달시키는 메뉴도 다른 연령대와는 다르다. 2022년 기준 익사이틴의 배달의민족 주문 순위는 1위 마라탕, 2위 매운떡볶이, 3위 치킨버거 세트, 4위 치즈떡볶이, 5위 떡볶이인데, 이것은 후술하듯이 50대의 주문 메뉴가 주로 짜장면·짬뽕 같은 익숙한 음식에 집중되는 것과는 상당히 다르다.

'마라탕 → 탕후루 → 스무디', 요즘 10대의 국룰

이제는 '한국인의 매운맛'을 바꾸고 있다 해도 과언이 아닐 '마라' 열풍도 10대가 주도하고 있다. 마라탕을 먹고 탕후루로 입가심을 한 뒤 스무디로 남은 배를 채우는 코스는 10대들의 '국룰'이다. 호불호가 분명하게 갈리는 특이한 마라 맛 메뉴들의 인기가 사그라지지 않는 이유는 또래 문화에 충분히 젖어 들면서 인정받으려는 10대들의 욕구를 가장 쉽게 표현할 수 있는 음식이기 때문이다. 마라가 들어간 음식을 먹으면 혀가 얼얼하고 목구멍이 따끔거리는데, 그럼에도 조금이라도 더 매운맛을 시도하고 자주 먹는 데는 이러한 특성이 반영돼 있다. 남들이 먹는 대로 먹되, 남들보다 더 세게 보여야 하고, 또 그 결과를 자랑해야 하기 때문이다.

카페도 더 이상 성인들의 전유물이 아니다. 익사이틴의 SNS를 보면 카페에서 카페라테나 에이드를 마시거나, 계절에 따라 빙수 등을 먹었다는 내용이 자주 등장한다. 화제가 되는 케이크가 있으면 일부러 찾아다니며 먹기도 하는데, 주로 색다른 맛이나 구성이 새로운 것을 중심으로 먹어본다. 자주 가는 카페는 '메가커피', '컴포즈커피' 또는 버블티로 유명한 '아마스빈' 등인데, 이들의 공통점은 가격이 저렴하다는 것이다. 용돈이 제한적이어서 구매력이 부족한 여건을 고려하면 당연한 결과다. 그래서 학원가 인근에서는 다양한 저가형 프랜차이즈 카페와 음식점을 쉽게 찾아볼 수 있다.

익사이틴의 또 다른 먹거리 놀이터는 편의점이다. 2023년 기준 알파세대가 가장 많이 방문하는 매장은 편의점(72%)이라고 한다. 식음료 신제품에 대한 수용도가 높은 10대들이 각종 신상품을 접하고 적은 용돈으로 친구와 편하게 둘러보고 물건을 구매할 수 있는 곳이기 때문이다. 식당에 들어가는 것은 부담스럽지만 편의점을 드나듦에는 거리낌이 없다. 2022년 세븐일레븐의 13세 이하 소비자 매출 비중은 전년 대비 40% 이상 늘었으며, GS25의 경우 10대 매출 비중이 2021년 0.8%에서 2022년 1.4%로, CU는 10대 고객 수 비중이 2021년 3.7%에서 4.0%로 늘어났다고 한다.[2]

10대들의 먹거리 소비에는 본인 명의의 체크카드가 동반된다. 여러 금융기관이 청소년 전용 체크카드를 발급하며, 자유로운 외식 경험의 기반을 제공하고 있다. 만 7세부터 18세 이하의 미성년자만 개설할 수 있는 '카카오뱅크 미니' 체크카드는 2023년 8월 기준 누적 가입자 수가 180만 명에 달한다. 토스뱅크의 '유스카드' 역시 현금을 충전한 후 사용

편의점의 주요 고객인 10대를
타깃으로 한 각종 마라 맛 제품.

할 수 있으며, 케이뱅크의 '하이틴' 선불카드는 청소년들이
주로 사용하는 편의점, 쇼핑몰 등 온·오프라인에서 캐시백
을 제공한다.[3] 물론 체크카드의 잔액은 부모들이 채워주는
데, 바쁜 부모들은 자식들의 모든 끼니를 챙겨주기가 어렵
고, 이에 따라 카드에 식비를 넣어주는 것이 아이를 챙기는
최선의 방법이 되었기 때문이다. 이러한 케어 방식은 결과적
으로 익사이틴들이 부모의 간섭 밖에서 자유로운 메뉴 선택
을 할 수 있도록 만들어줬다.

음식: 재밌는데 먹을 수도 있는 굿즈 같은 것

동조와 자랑이 중요한 10대들의 또래 문화가 초래한 또 하
나의 현상은 음식의 '모양새'가 매우 중요해졌다는 것이다.
10대들은 대부분의 정보를 사진이나 영상으로 얻고 공유하다 보니, 화면에 예쁘게 보여야 먹는 즐거움이 배가 된다. 10대들이 즐겨 보는 소위 먹방·쿡방 등의 콘텐츠에서 많이 먹는 것 외에 비주얼이 독특한 음식들이 자주 등장하는 것도 그 때문이다. 보기에 예쁜 음식들은 하나의 끼니라기보다는 '먹을 수 있는 아이템이나 굿즈'에 가깝다.

구독자 90만 명(2024년 3월 기준)을 보유한 '이상한 과자가게'는 유행하는 과자나 젤리 등의 디저트를 리뷰하는 유튜브 채널이다. 유행템 리뷰에서 그치지 않고, 이를 자신만의 독특한 레시피로 재창조해 '보기에 신기하게' 만든다는 점이 특징이다.[4] 초콜릿을 녹이고 색소를 넣어 크레파스 모양으로 만든다거나, 최근 인기가 높은 한과 '개성주악'을 큰 크기로 만들어보기도 하고, 맛탕을 꼬챙이에 하나씩 꽂거나, 오이나 구운 마시멜로로 탕후루를 만들기도 한다. 한창 옥수수 모양의 젤리를 구워 먹는 챌린지가 유행했을 때는, 구운 젤리로 트리 모양을 구현해 높은 조회 수를 얻기도 했다. 앞서 '이슈푸드' 키워드에서 소개한 푸드 인플루언서 '아누누'의 사례 역시 마찬가지다. 그가 동결건조를 통해 음식을 변형하는 과정에서 시청자들에게 중요한 것은 맛이 아니라, 누구나 다 아는 음식을 어떻게 새로운 모습으로 재창조하는 가이다. 젤리·솜 사탕·과일 등은 물론, 대창구이·떡볶이·산적·전·한과 등 설날 음식까지 그 재료의 범위도 매우 넓다.

이처럼 10대들에게 있어 음식을 만든다는 것은 천연 재료를 사서 요리와 조리를 하는 것만이 아니다. 이미 완성된 제품 상태의 음식을 변형시키는 것을 포함한다. 그 변형이란 그냥 재료들을 섞는 데 그치지 않고, 마치 과학 실험을 하듯이 각종 도구와 기구를 사용해 음식의 물리적·화학적 상태를 변이시키는 것을 뜻한다. 요즘 10대들의 지식수준은 매우 높다. 그러다 보니 일차적인 겉모습에도 시선을 보내지만, 주체적으로 계획한 변형에 더 큰 의미를 부여하고 즐거워한다. 일단 겉모습이 바뀌는 데서 호기심을 자극받고, 맛이 있든 없든 솔직한 감상을 다른 사람과 나누는 데서 친밀감을 상승시킨다.

이제 10대들에게 음식은 '먹는' 대상에서 '보는' 대상이 되었으며, 거기에 더해 '내가 적극적으로 손을 대서 더 큰 가치를 만들어낼 수 있는 기본 아이템'으로까지 진화했다. 마치 게임에서 소유물을 강화시키거나 특수 마법을 부여하는 일과 비슷하다. 결과가 이상하더라도 또 다른 창조로 여기는 것이다.

② 미식중년,
앱을 켜고 맛집을 찾아 나서다

최근 외식산업은 물론이고 우리나라 대부분의 시장에서 갈수록 중요해지고 있는 소비자층은 바로 50대와 60대다. 한국 사회가 겪어온 급속한 성장 과정의 주역으로서 다양한 문화적 변화를 경험했고, 이제는 디지털 기기까지 능숙하게 사용할 수 있게 된 미식중년들은 기존의 노년층과 다르게 개성 있는 라이프스타일을 뽐내며 새로운 식문화를 주도적으로 형성해나가고 있다.

50대와 60대는 순자산이 가장 크며 여가 시간 또한 20~40대에 비해 훨씬 많다. 그만큼 다른 세대보다 경제적·시간적으로 여유가 있으므로 그 여유로움을 온전히 자신의 시간으로 활용할 수 있고, 느긋한 식생활을 즐길 수 있다. 30~40대에 일찌감치 스마트폰을 경험해본 이들은 디지털 환경에

빠르게 적응해, 맛집에 대한 정보는 SNS를 통해 찾고, 배달 앱·원격 줄 서기 앱·이커머스 등을 큰 어려움 없이 사용하며, 배달·외식·간편식 등을 식생활에 적극적으로 활용한다. 집밥도 중요하지만, 간편식을 활용하여 재료의 낭비를 없애고 식사 준비에 들어가는 시간을 줄이는 것을 선호한다.

'정성 가득한 한 끼'는 옛말, 식사는 간단하고 편리하게

지금의 50~60대에게 "집에서 직접 차려 먹는 밥이 가치 있다"는 말은 어울리지 않는다. 스마트폰으로 유명하다는 식당을 찾아 맛있는 한 끼를 즐기고, 이를 카카오톡이나 네이버 밴드에 올려 지인들에게도 자랑한다. 동시에 평소 식사에는 효율을 추구해 배달 음식이나 간편식을 활용하며 재료의 낭비나 식사 준비에 들어가는 시간을 줄이는 데 집중하는 내공을 발휘한다.

최근 몇 년간의 각종 데이터도 미식중년이 외식업의 주요 소비자층으로 부각되는 현상을 뒷받침한다. 외식 소비자 연령별 증감률에서 50~60대 이상은 2019년 이후 증가세를 보이기 시작했으며, 코로나19 팬데믹을 거치며 이들은 온라인 쇼핑에도 익숙해졌다. 대표적인 식품 전자 상거래 플랫폼인 컬리의 신규 가입자 가운데 2021년 기준 전년 대비 가장 높은 증가율을 보인 층 역시 50~60대로, 188%나 증가했다. 이들이 주문한 금액도 작년 동기보다 95% 늘어났다. 평균 구매 금액도 높다. 30대보다 8%, 20대보다는 43% 많았으며, 전체 연령 평균 금액보다는 13% 더 많았다.[5]

롯데멤버스와 신한카드가 2019년부터 2022년까지의 데이터로 발간한 〈가정간편식 소비트렌드 리포트〉에 의하면, 오프라인 마트와 슈퍼에서 가정 간편식을 구매하는 50대(26.3%)와 60대 이상(14.3%)의 비중은 2022년 상반기 기준 2019년 상반기보다 각각 5.0%와 4.3% 증가했다. 같은 기간 비중이 소폭 줄어든 30~40대와 비교되는 수치다.[6] 또 다른 조사에 따르면 가장 선호하는 가정 간편식은 '찌개·국류'가 30.6%, '면·파스타류'가 18.2%로,[7] 이는 식재료 가격 인상으로 인해 직접 재료를 사서 요리를 하는 것보다 가정 간편식을 활용하는 게 더 저렴하게 느껴지는 메뉴들이다.

배달도 마찬가지다. 2023년 5월 KB국민카드가 회원 2,000만 명의 온·오프라인 주요 업종별 이용 데이터를 분석한 결과, 50세 이상의 배달 앱 매출액 증가율은 37%로 나타났다.[8] 신한카드 빅데이터 연구소가 2021년 신한카드로 결제한 주요 배달 앱 4개 업체의 월평균 건당 이용액을 비교한 결과, 60대 이상이 2만 5,400원으로 가장 높고, 40대가 2만 4,700원, 50대가 2만 4,400원의 순이었다. 월평균 이용 건수는 30대와 20대가 많은 것과는 정반대의 결과였다.[9] 주로 주문하는 메뉴는 역시 중국 음식이다. 미식중년이 2022년 배달의민족 앱을 통해 가장 많이 주문한 메뉴는 1위 짜장면, 2위 짬뽕, 3위 떡볶이, 4위 아메리카노, 5위 간짜장인데, 배달 플랫폼이 등장하기 이전부터 익숙하게 집에서 배달시켜 먹던 메뉴가 많이 포함돼 있다. 한편, 아메리카노가 순위에 있는 것이 눈에 띈다.

"편리성이 생활에 와닿아서, 배달을 이제는 자연스럽게 생각해요."

"주말은 거의 나가서 먹어요. 특히 가족이 다 같이 먹는 주말 점심의 경우, 집에서 먹는 일이 거의 없어요."

"추석 당일 동네 맛집을 몇 군데 돌았는데, 다 웨이팅이 있는 거예요. 세상에. 우리 문화가 몇 년 사이에 이렇게 바뀐 걸 보고 저도 너무 놀랐어요."

– 자체 FGD 50~60대 소비자 발화 중

정보력·시간·돈, 삼박자를 모두 갖추다

50~60대의 외식과 배달이 이처럼 양적으로만 커진 것은 아니다. 일부러 맛집을 찾아 젊은이들 사이에서 줄을 서는 수고를 마다하지 않는 등 질적으로도 의미 있는 변화를 보이고 있다. 이들에게는 줄이 길게 늘어선 식당, 소위 '핫플'에 대한 선망이 크다. 2022년 초 《동아일보》와 SM C&C 플랫폼인 틸리언 프로가 실시한 설문에서 '골목 상권 SNS 명소를 일부러 찾아간 적 있다'고 응답한 비율은 50대(50%)와 60대(56%)가 전 연령대 중 가장 높았다. '가보고 싶은 가게가 불편한 곳에 있더라도 무조건 간다'고 응답한 비율도 20~30대는 45%였지만 50~60대는 57%에 달했다.[10]

다만 이들의 맛집 찾기의 의미는 젊은이들과 조금 다르다. 젊은 세대가 SNS에 인증샷을 올려 공유하고 자랑하려는 것이라면, 미식중년들은 좋은 식당을 찾아서 맛있는 음식을 먹는 경험 자체를 중요한 교류이자 취미 생활로 여긴다. 이들이 30~40대 때 주 5일 근무제가 시행되면서, 근교로 외출하거나 가족과 여가를 즐기는 것을 보편적으로 경험할 수 있었다. 그래서 미식중년에게 '외부 식당에서 사 먹는 맛있는 밥'은 가족 및 친구와 함께 누릴 수 있는 일종의 사치이

외부 식당이나 뷔페를 방문하는 경험 자체를 즐기는 미식중년. 이들에게 외식은 하나의 취미 생활이다.

기도 하고, 쉽게 접할 수 있는 도락인 셈이다.

젊은 시절부터 온라인 커뮤니티나 IT 기기에 익숙했던 이들은 지금도 이를 이용하는 데 거리낌이 없다. SNS 등에서 유명해진 식당에 가보면 어르신들끼리 와계신 경우를 쉽게 본다. 친구들이나 지인들의 단체 채팅방에서 공유받거나 SNS로 발견한 맛집을 지도 앱에 저장해두었다가 찾아온 것이다. 2023년 11월 배달의민족 고객 중 50대 이상을 대상으로 진행한 설문 데이터에 의하면 'SNS를 통해 식당 정보를 찾아본다'는 응답이 70.3%로, '찾아보지 않는다'는 응답(29.7%)에 비해 압도적으로 높았다.

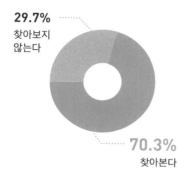

**미식중년의 식당 정보
수집을 위한 SNS 활용 여부**

29.7%
찾아보지
않는다

70.3%
찾아본다

**미식중년의 웨이팅 앱,
예약 줄 서기 서비스 인지 여부**

32.3%
모르고
있다

67.7%
알고 있다

출처: 배민외식업광장ceo.baemin.com

식당 밖에 놓인 키오스크에 대기 순서를 입력해두고 근처에 앉아 이야기를 나누거나, 안내 직원에게 핸드폰 화면을 보여주며 예약 상황을 확인하고 입장하는 데도 비교적 익숙해졌다. 키오스크 주문이 불편하면 외면하는 것이 아니라, 지자체·공공단체·기업에서 하는 교육에 적극적으로 참여해 배우며, 이를 통해 직접 주문하고 식사하는 경험을 할 때 더 큰 즐거움을 느낀다. 외식의 즐거움을 누리는 데 있어 나이는 숫자에 불과할 뿐이다.

건강을 챙기는 건 필수

미식중년에게 가장 중요한 이슈는 단연 '건강'이다. 2023년 11월 배달의민족 고객을 대상으로 한 설문에서 '맛보다 건강이 중요하다'라고 답한 응답자의 비율은 50대 이상의 경우 45.3%로, 40대 36.7%, 30대 27%, 20대 21.5%, 10대 12.8%에 비해서 월등히 높다. 건강에는 집밥이 가장 좋다는 인식도 옅어지고 있다. 외식을 단지 편리하기 때문에 선택하는 것이 아니라, "이왕 먹는 데 돈을 쓸 것이면, 내 몸에 좋은 걸 먹겠다", "내 입맛에 맛있는 걸 먹겠다"는 니즈가 더

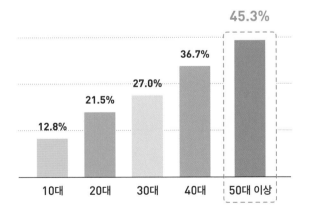

**'맛보다 건강을 우선한다'고
응답한 연령별 비율**

45.3%

36.7%

27.0%

21.5%

12.8%

| 10대 | 20대 | 30대 | 40대 | 50대 이상 |

출처: 배민외식업광장^{ceo.baemin.com}

욱 상승하고 있다. 조금이라도 편하게 먹을 수 있는 건강 기능 식품은 물론, 깔끔한 '케어푸드' 시장의 성장 역시 미식중년 소비자들을 맞춰주고 있다.

건강과 관련된 트렌드는 관련 식품 산업에서도 매우 뚜렷하다. 케어푸드라고 해서 환자용 유동식이나 영양만을 생각한 악식惡食(식감이 나쁘고 맛없는 음식)을 떠올릴 필요는 없다. 최근의 케어푸드는 맛있고 건강하게 즐길 수 있는 것으로 초점이 맞춰져 있다('푸드밸런스' 참조). 현대그린푸드의 '그리팅'은 식사 목적에 맞춰 탄수화물·단백질·지방 등의 영양이 설계된 반찬과 샐러드를 정기적으로 배송해주는데, '건강하면서도 맛있는 식단'을 셀링 포인트로 내세운다. 풀무원의 '디자인밀'은 생애 주기별 영양 기준과 생활 주기별 건강 정

건강관리에 대한 관심이 높아지면서 식품 업계에서도 케어푸드를 주목하고 있다.

보를 기반으로 칼로리 조절 식단이나 식감 조절 반찬을 제공한다.

반찬 구독도 미식중년의 요구에 부합하는 맞춤형이 많아졌다. 특히 미식중년의 높은 기준을 충족시킬 수 있는 백화점들이 서비스를 확대하고 있다. 현대백화점 목동점과 더현대 서울의 건강 반찬 매장은 전문 영양사가 고객 건강에 도움이 되는 식재료를 알려주고 그에 따라 반찬을 제안하는 등 전문성에 바탕을 둔 프리미엄을 내세운다.[11] 신세계백화점의 케어푸드 브랜드 '메디쏠라'는 당뇨 케어·신장 케어·암 케어 등 반찬 패키지의 카테고리를 세분화했다.

미식중년의 식단 관리에서 단백질을 빼놓을 순 없다. 섭취 빈도만 보면 MZ세대보다 더 잦다. 아무래도 근육이 줄어드는 연령대이다 보니, 이들 사이에서 단백질을 충분히 섭취하는 게 중요하다는 것은 상식으로 통한다. 단백질은 평소의 기초 체력으로 작용하기에 식사 외에도 단백질 함량이 높은 먹거리에 대한 수요가 늘어나고 있다. 단백질 제품 구매에서도 50~60대는 제품의 함량과 안전성을 더욱 꼼꼼히 살핀다. '맛'을 중요시하는 MZ세대와는 또 다른 특성이다.[12]

사장님을 위한
트렌드 활용 팁

"저가 커피점이 많아 카페 주변 반경 한 1킬로미터 안에는 (우리 가게가) 가격대가 제일 높은 카페인데, 소비층의 나이가 점점 올라가는 느낌이 들어요. 구매력이 있는 50대 이상 분들이 많고요. 원두 판매에 있어서도 20대는 거의 원두를 사 가지 않고 50대가 원두를 사 가요. 매장에서도 젊은 층이 없는 건 아니지만 기본적으로 소비 연령층이 높은 느낌이에요."

"소비력 자체가 50대 이상이 크고 주 고객층이기 때문에, 시니어들을 주 타깃으로 삼아야 한다고 생각해요. 시니어들은 오브제보단 더 프라이빗하고 대우받는 것을 중요시하는 것 같아요."

– 외식업 사장님 인터뷰 중

외식산업에서 익사이틴과 미식중년이 차지하는 비중과 의미가 이처럼 커지면서, 사장님들의 대응도 발 빨라지고 있다. 물론 10대와 50대 이상의 영향력은 다른 연령층에 비해 상대적으로 약해 보이는 게 사실이다. 그러나 10대는 누구보다 빠르게 신상품을 접해보고 입소문을 내는 세대이고, 50대 이상은 인구 비중과 구매력이 늘고 있는 소비자라는 점에서, 둘 다 놓쳐서는 안 될 중요한 고객층이다.

식스틸러들을 위한 전략을 수립하기 위해서는 가장 먼저 우리 식당의 타깃 고객이 누구이며, 익사이틴 혹은 미식중년의 비중이 얼마나 되는지를 명확히 할 필요가 있다. 이 두 고객층 중 하나라도 무시할 수 없는 비중이라면, 반드시 대책을 마련해야 한다. 배달의민족에서도 연령대별 메뉴 선택의 차이를 인식하고, 우리 가게를 방문한 연령대 데이터를 확인할 수 있도록 정보를 제공하고 있다.

취향과 기분에 따라 조합할 수 있는 메뉴 선택권

먼저 우리 가게에 익사이틴이 큰 비중을 차지하고 있다면, 먼저 그들이 다른 고객과는 매우 다른 환경에서 자라왔음을 염두에 둬야 한다. 그들은 알고리즘을 기반으로 비슷한 관심사를 계속 추천해주는 서비스에 둘러싸여 자라면서, 자신만의 명확한 호불호를 가진 세대다. 음식에서도 SNS를 통해 얻은 정보를 바탕으로 처음 도전해보는 메뉴에 본인의 취향을 더하는 것을 당연하게 여긴다. 마라탕·탕후루·와플·약과 등 10대에게 인기를 얻는 메뉴들은 인상적인 맛과 비주얼뿐만 아니라, 입맛과 기분에 따라 다양한 조합이 가능하다는 공통점을 갖고 있다. 그러므로 해당 고객들의 반응을 예의주시하면서 주기적으로 새로운 메뉴와 맛에 대한 제안을 계속해야 한다.

다시 말해, 메뉴의 선택권을 고객에게 허용해야 하는 것이다. 예를 들어 가게에서 제공하는 메뉴에 요즘 인기 있는 트렌디한 맛을 추가해 선택권을 제공하는 것은 어떨까? 메뉴에 어울릴 수 있는 범위 내에서 마라 맛을 더한다거나, 스리라차·치즈·불닭 맛 등의 소스를 제공하는 식이다. 전술했던 바와 같이 10대 소비자가 좋아하는 '변형'을 실천할 수 있게 해주는 것도 고려해볼 만하다. 짧은 주기로 끊임없이 변화하는 익사이틴의 유행에 맞춰, 지금까지 잘해오던 메뉴를 과감히 포기하거나, 재빨리 새로운 메뉴를 만들어내는 일은 쉽지 않다. 이러한 상황에서는 고객의 입맛에 맞춰 그때그때 순발력 있게 '새로운 맛'을 추가하는 것만으로도 이들에게 재미와 화제성 넘치는 식당이 될 수 있다.

또한 학교와 학원에서 함께 생활하는 10대들의 행동 특성상 (입소문) 관리에도 만전을 기해야 한다. 20~40대의 소비자에게는 SNS·지도 앱·검색 포털 등 온라인에서의 바이럴이 중요하지만, 익사이틴에게는 의외로 입에서 입으로 전달되는 구전도 무척 중요하다. 나아가 익사이틴들은 다른 세대에 비해서 생활 반경이 좁고 방문하는 식당의 범위도 제한적인 편이므로 지역 밀착형 마케팅이 더 효과적이다.

고객의 건강을 살뜰히 챙겨주는 사소한 배려

미식중년은 (재료) 에 민감하다. 탄수화물·단백질·지방의 함유량과 비중, 매운맛에 대한 객관적 기준, 소화의 용이성 및 재료의 원산지 등을 자세하고 명확하게 알고 싶어 한다. 따라서 이러한 정보를 정확히 제공하는 것이 필요하다. 여기서 한 걸음 더 나아가, 메뉴 주문 시 식재료를 추가로 주문하거나 뺄 수 있게 하는 것도 한 방법이 될 수 있다. 알레르기 및 섭식 장애를 가진 경우나 식단 조절이 필요한 손님에게 배려받는 느낌을 주는 것이다. 50대 정도 되면 많은 음식을 먹어왔기에, 메뉴 자체는 좋아해도 특정한 재료에서만 거부감을 느낄 수도 있다. 이때 주메뉴에서 그 재료를 분리해 옵션으로 선택하도록 제시하면 어떨까? 예를 들어 주문을 받으면서 "필요하시면 조금 덜 짜게 해드릴까요?"하고 물어보는 것만으로도 고객은 충분히 만족감을 느낄 수 있다.

또한 요즘 화두가 되고 있는 새로운 기술, 즉 앉은 자리에서 주문하는 '테이블 오더'나 앱을 통해 예약하고 대기하는 '원격 줄 서기' 등을 도입할 때도 이 세대에 대한 별도의 배려가 필요하다는 점을 잊지 말아야 한다. 원격 줄 서기 앱의 존재를 모르고 그냥 찾아온 미식중년 고객이 있다면, 먼저 가게 앞에 대기 방법을 안내하는 공지를 붙여야 한다. 검색하지 않고 매장을 방문한 손님들이 가게의 방침을 확인하고, 줄 서기 앱을 사용하는 방법까지 자연스럽게 따라 할 수 있도록 유도하는 것이 중요하다. 매장이 혼잡한 시간대에 일일이 대기 손님을 응대해야 하는 번거로움 때문에 고민하는 사장님이라면, 이해하기 쉬운 공지와 안내가 제대로 이뤄지고 있는지 다시 한번 점검해야 한다.

배달에서는 조리·비조리 여부나 익힘 정도에 대한 옵션을 주는 것도 필요하다. 집밥의 경우라도 종종 간단히 해 먹는 것을 선호하는 미식중년 주부들은 배달 주문을 할 때 당장 먹을 것은 조리된 상태로 주문하고, 나중에 먹을 것은 비조리로 주문해 냉장고에 보관했다가 추가 조리를 하는 경우가 많기 때문이다. 또 50대 이상의 경우 '환경호르몬'에 민감하다는 점도 기억할 필요가 있다. 이들은 뜨거운 음식이 플라스틱 배달 용기에 담겨있는 경우 몸에 좋지 않은 물질이 나와 내 몸에 영향을 줄 수 있다고 생각하기에, 배달을 받자마자 냄비나 도자기 그릇에 옮겨놓는다고 한다. 따라서 이러한 걱정을 덜어줄 수 있도록, 뜨거운 음식의 경우 간단한 가열 직전 단계까지 포장하는 옵션도 고려할 수 있다. 특히 50대 입장에서 비조리 옵션 배달은 간편하게 재료를 구매해서 수월하게 요리한다는 기분을 느낄 수 있게 한다. 약간의 채소·달걀·양념 등을 더해 스스로 입맛에 맞게 조절하게 할 수 있는 데서 배달에 대한 더 큰 만족감을 가질 수 있다.

또래에게 소문내고 싶은 이야깃거리 던지기

익사이틴과 미식중년에 공통된 방안도 있다. 10대 익사이틴에게도, 50대 이상의 미식중년에게도 가장 중요한 건 또래와의 소통이다. 고객의 감성을 자극하고 자연스러운 홍보를 유도하는 차별화 전략이 필요하다. 거창할 필요는 없다. 작은 이야깃거리를 만들어주는 것이다. 따뜻한 느낌을 주는 컵

받침, 귀여운 꼬치 장식 등 사장님의 섬세함이 느껴지는 아기자기한 플레이팅은 감탄과 함께 친구들에게 전하고 싶은 강렬한 욕망으로 남는다. 포장이나 배달 시에 가게만의 특색이 살아있는 포장 용기 구성이나 스티커를 활용하고, 메뉴 소개 및 더 맛있게 먹는 법을 안내하는 등 이들이 또래들과 커뮤니케이션하고 싶은 포인트를 많이 만들어줘야 한다.

흔히 '천만 배우'라고 하면 이름난 주연 배우들을 떠올리지만, 사실 그 명단에는 조연 배우들의 이름도 함께 올라와 있다. 모두 비중은 높지 않아도 강렬한 개성으로 영화의 완성도를 높인 '신스틸러'들이다. 외식산업에서도 마찬가지다. 그동안 메인 고객이라고 하면 주연에 해당하는 20~40대 소비자를 주로 떠올렸지만, 이제 새롭게 떠오르면서도 강렬한 자기 개성을 가지고 지갑을 열고 있는 인사이틴과 미식중년에도 주목해야 한다. 언젠가 "손님이 짜다면 짜다"는 말이 유행했던 적이 있다. 핵심은 고객 지향적 사고다. 주연이든 조연이든, 끊임없이 변화하고 있는 내 고객에게 어떻게 맞출 수 있을까에 대한 고민이 그 어느 때보다 절실해졌다.

핵심 요약
식스틸러

🔍 익사이틴

초·중·고등학생들, 소위 '알파세대'라 불리는 10~19세의 청소년들이 외식산업의 새로운 주인공으로 떠올랐다. 이들에게는 '집밥을 꼬박꼬박 챙겨 먹는 것'보다 '나의 취향에 맞는 외식을 주도적으로 선택하고 소비하는 것'이 더 중요하다. 마라 메뉴나 탕후루 등의 낯설고 자극적인 음식에 도전하는 일도 마다하지 않는다. 청소년 타깃의 금융 시스템이 어느 때보다 활발해진 지금, 트렌드의 최전선에 선 익사이틴의 영향력은 점점 더 커져갈 것이다.

🔍 미식중년

50대와 60대 소비자들의 존재감도 무시할 수 없다. 요즘 중년 세대는 SNS를 통해 핫플레이스를 찾아보고, 줄 서기 앱을 통해 '오픈런 웨이팅'에 나선다. 새벽 배송되는 밀키트와 신상 케어푸드를 대량 구매하며, 반찬 구독 등의 새로운 서비스에도 적극적인 관심을 보인다. 젊은 세대 못지않게 유행하는 음식과 맛집에 민감한 데다 시간적·경제적 여유까지 갖춘 미식중년들의 마음을 사로잡는다면, 외식업 성공으로 향하는 지름길이 열릴 것이다.

☑ 익사이틴 취향 저격법: 선택권 제공하기

익사이틴은 주체적인 외식 소비에 열광하는 세대다. 이들에게는 '내가 외식 경험을 주도하고 있다'는 감각 자체가 무엇보다 소중하다. 만약 익사이틴 손님의 비중이 높다면, 유행하는 토핑이나 소스를 발 빠르게 옵션으로 추가해두자.

☑ 익사이틴 취향 저격법: '지역 기반 마케팅'으로 공략하기

10대들의 생활 반경은 다른 세대보다 좁은 편이고, 또래끼리 모여 지역 경험을 공유하는 일도 즐긴다. 이들의 호감을 얻기 위해서는 화려한 홍보보다도 지역 밀착형 마케팅에 집중해야 한다. 빠르게 퍼져가는 입소문 관리도 필수다.

☑ 미식중년 취향 저격법: 중년 세대, 폭넓게 포섭하기

아직 디지털 서비스에 완전히 익숙해지지 않은 중년 손님들에게 어필해보는 것도 좋은 방법이다. 앱을 통한 웨이팅 방법과 자리 배정법, 줄 서기 규칙 등을 설명하는 친절한 안내문을 만들어 가게 앞에 배치하자.

☑ 미식중년 취향 저격법: '건강'의 중요성 기억하기

미식중년들의 압도적인 우선순위는 건강이다. 탄수화물·단백질·지방의 함유량 및 비중, 재료의 원산지, 소화의 용이성 등을 깔끔하고 명확하게 알길 원한다. 배달이나 포장 주문을 서비스할 때는 플라스틱 사용을 자제하는 센스도 필요하다.

공저자 소개

▌전미영

소비트렌드분석센터 연구위원. 서울대 소비자학 학사·석사·박사. 소비자행복과 소비자심리 분야에 관심이 많고, 서울대에서 소비자조사법과 신상품개발론 과목을 강의하고 있다. 삼성경제연구소 리서치 애널리스트와 서울대 소비자학과 연구교수를 역임했으며 현재 《동아일보》 '트렌드 NOW' 고정 칼럼니스트, 롯데쇼핑 ESG위원회 위원장, 하나은행 경영 자문위원, 교보문고 북멘토, 서울시·통계청 자문위원 등으로 활동하고 있다. 한국소비자학회 최우수논문상을 수상했으며, 〈트렌드 코리아〉 시리즈, 《트렌드 차이나》, 《대한민국 외식업 트렌드 Vol.1》, 《나를 돌파하는 힘》을 공저했다. 다수 기업과 트렌드 기반 신제품 개발 및 미래 전략 기획 업무를 수행하고 있다.

▌최지혜

소비트렌드분석센터 연구위원. 서울대 소비자학 석사·박사. 소비자의 신제품 수용, 세대별 라이프스타일 분석, 제품과 사용자 간의 관계 및 처분행동 등의 주제를 연구하며, 서울대에서 소비자심리, 트렌드분석 과목을 강의하고 있다. 워싱턴주립대학교^{Washington State University}에서 공동연구자 자격으로 연수했으며, 〈트렌드 코리아〉 시리즈, 《대한민국 외식업 트렌드 Vol.1》, 《더현대 서울 인사이트》를 공저했다. 삼성·LG·아모레·SK·코웨이·CJ 등 다수의 기업과 소비자 트렌드 발굴 및 신제품 개발 프로젝트를 수행했으며, SBS 일요 특선 다큐멘터리 〈트렌드 보고: 문화를 사고팝니다, MZ〉, SBS 스페셜 〈나도 돈 벌고 싶다〉 등에 출연했다. 《동아비즈니스리뷰^{DBR}》 객원 편집위원, 피데스개발 '공간트렌드 수립을 위한 전문가 세션' 자문위원 등을 역임했다. 현재 인천시 상징물 위원회 자문위원을 맡고 있으며, 《한국경제》에 '최지혜의 트렌드 인사이트', 《아시아경제》에 '최지혜의 트렌드와 치'를 연재하고 있다.

▌권정윤

소비트렌드분석센터 연구위원. 서울대 소비자학 학사·석사·박사. 세대별 소비 특성, 가족과 소비, 물질소비와 경험소비 등의 주제를 연구하며, 성균관대학교에서 소비자와 시장 과목을 강의하고 있다. 가전·여가·식품 등 여러 산업군의 기업들과 소비자 조사를 수행해왔으며 전성기 매거진·CJ온스타일·삼성생명 등과 세대별·산업별 트렌드 도출 프로젝트를 진행했다. 〈트렌드 코리아〉 시리즈, 《대한민국 외식업 트렌드 Vol.1》을 공저했으며, 《국방일보》·《섬유신문》에 트렌드 칼럼을 연재하고 SBS 러브FM 〈목돈연구소〉에서 고정 패널로 출연 중이다. 현재는 소비자를 연구하는 방법론으로서 질적 연구의 전문성을 넓히고 있다.

▌ 한다혜

소비트렌드분석센터 연구위원. 서울대 심리학 학사, 소비자학 석사·박사. 다양한 심리 이론을 기반으로 한 소비심리 분석 및 데이터를 통한 소비행동 등의 주제를 연구하며, 한국소비문화학회 우수논문상 수상 및 '서울대학교 학문후속세대'로 선정된 바 있다. 현재 〈트렌드 코리아〉 시리즈, 《대한민국 외식업 트렌드 Vol.1》을 공저하며, KBS 1Radio 〈성공예감〉-'트렌드팔로우' 출연 및 삼성·SK 등 다수의 기업과 소비트렌드 기반 미래 전략 연구를 수행하고 있다.

▌ 이혜원

소비트렌드분석센터 책임연구원. 서울대 소비자학 학사·석사, 박사과정 수료. 대한출판문화협회·다산북스·리더스북·카카오페이지 등에 재직하며 얻은 인사이트를 바탕으로, 연령·시기·코호트에 따른 소비자들의 서로 다른 행동과 태도 등 세대론에 입각한 트렌드 예측과 기술 변화로 인한 소비자 행태 변화에 관심을 두고 있다. 2020 kobaco 혁신 공모전에서 장려상을 수상했으며, LG전자·CJ오쇼핑·SK·삼성전자·한국공항공사·한국토지주택공사·배달의민족 등의 소비자 트렌드 프로젝트에 참여했다. 〈트렌드 코리아〉 시리즈, 《대한민국 외식업 트렌드 Vol.1》을 공저하며, 최근에는 경제자본만으로는 설명할 수 없는 소비트렌드의 동인을 살펴보기 위해 확장된 문화자본에 대한 연구를 진행하고 있다.

▌ 추예린

소비트렌드분석센터 책임연구원. 서울대 소비자학 석사 및 박사과정 수료. 삶에 대한 목표와 의지를 소비에 반영하는 개인들의 의식적인 소비 절제 행동에 관심이 많다. 주로 비정형 텍스트 데이터와 심층 면담 분석을 통해 현상적 의미를 도출하는 질적 연구를 수행하고 있으며, 2021 한국생활과학회 동계연합학술대회 우수포스터논문상을 수상했다. 〈트

렌드 코리아〉 시리즈, 《대한민국 외식업 트렌드 Vol.1》을 공저하며, 삼성전자·LG U+·SK·
코웨이·배달의민족 등 다수의 기업과 소비트렌드 분석 프로젝트를 수행하고 있다. '트렌
드 코리아'의 SNS 계정을 총괄·기획하고 있다.

▎전다현

소비트렌드분석센터 책임연구원. 서울대 소비자학 석사 및 박사과정 수료. 패션 산업에
대한 전문성을 바탕으로 리테일 환경에서의 소비자 행동에 관심이 많다. 최근 디지털 리
테일 환경에서의 자극과 소비자 정보처리를 주제로 연구를 수행했으며, 2019 한국의류학
회KSCT 공모전에서 VMD 기획으로 1위를 수상 했다. 〈트렌드 코리아〉 시리즈, 《대한민국
외식업 트렌드 Vol.1》을 공저하며, 삼성·현대·SK 등 다수 기업과 소비자 트렌드 발굴 및
신제품 개발 업무를 수행하고 있다. 유튜브 채널 '트렌드코리아TV'를 총괄·기획하고 있
다.

▎우영희

배달의민족 운영사인 우아한형제들 사장님비즈니스콘텐츠실 실장. 배민외식업광장을 통
해 사장님에게 필요한 정보를 사장님의 눈높이에 맞춰 기획·제공한다. 불철주야 장사를
고민하는 대한민국 식당 사장님을 존경하는 마음으로, 사장님비즈니스콘텐츠실 동료들과
함께 사장님에게 도움이 되는 콘텐츠를 만들고자 노력한다. 2020년부터 '배민외식업컨퍼
런스'를 기획해왔으며, 현재는 배민외식업광장 콘텐츠를 총괄하고 있다.

▎김지현, 김로운, 김민지, 김수진, 나성문, 신정욱, 유한샘, 이현주, 정은빈, 조윤식, 조윤영

배달의민족 운영사인 우아한형제들 사장님커뮤니케이션팀 소속. 이들이 속한 사장님커
뮤니케이션팀은 식당 사장님들에게 콘텐츠로 힘이 될 수 있는 방법을 고민하고 실행하
는 팀이다. 출근해서 퇴근 하는 순간까지 콘텐츠의 소재를 발굴하고 전달 방법을 고민하
는 이유는 오직 하나, 바로 외식업 사장님들의 장사에 힘이 되기 위한 것이다. 2021년부
터 배달의민족 데이터를 기반으로 사장님에게 인사이트를 전하는 '배민트렌드'를 공개
하고 있다. 팀의 목표는 사장님들의 성공과 성장이며, 그것이 배달의민족이 존재하는 이
유라 믿고 있다.

주

서문

1   "유명 연예인도 못 버티고 문 닫아"…폐업률 20년 만에 최고 / 한경비즈니스,
    2024.01.18.

KEYWORD 1. 식별력

1   긴 연휴, '침대족'들이 모인다는 그곳…친구·이웃·팬들, 카톡 오픈채팅에서 수다·
    덕질 / 디지털타임스, 2023.09.29.

2   "맛집 앱 회원 22만명…밀키트 사업 나설것" / 매일경제, 2023.11.27.

3   김밥 보고선 눈이 '휘둥그레'…요즘 참치김밥 한 줄 먹으려면 얼마길래 / 매일경
    제, 2024.02.16.

4   "편의점·해외직구·초저가 날았다"…앱 데이터로 본 2023 유통 트렌드 [스페셜리
    포트] / 매경이코노미, 2023.11.10.

5   "이디야 옆 메가 옆 컴포즈"…1년새 저가커피 가맹점 27% 증가 / 이투데이,
    2024.02.06.

6   카페 트렌드 리포트 2023 / 오픈서베이, 2023.09.25.

7   커피 마시고 빵 사먹고…'카페 대신 편의점 갑니다' [언박싱] / 헤럴드경제,
    2024.02.13.

8   배민 알뜰배달 소비자, 10명 중 7명은 배달비 절감 효과 느껴 / 물류신문,
    2023.11.10.

9   신선한 재료와 부족함 없는 음식, 최상의 서비스를 약속하는 '카페 그리닝' / 월간
    인터뷰, 2023.08.18.

10 "반만 먹고, 반값만 내세요"…미쉐린 맛집까지 '0.5인분' 대세 [채상우의 미담:味
    談] / 헤럴드경제, 2023.04.09.

KEYWORD 2. 지구마블 한입여행

1   여행가면 어디에 돈 쓰나 봤더니…쇼핑·관람 대신 맛집·숙소 / 머니투데이,
    2023.11.09.
2   [책의 향기]왜 고급 레스토랑 메뉴판은 어려울까? / 동아일보, 2015.03.28.

KEYWORD 3. 푸드밸런스

1   맵찔이는 상상도 못할 일…"실비김치 사러 대전까지 갑니다" / 한국경제,
    2024.02.10.
2   대세였던 탕후루 가고…칼로리+설탕 폭탄 간식 '롤업젤리' 뜬다 / 인사이트,
    2023.10.25.
3   한 잔에 밥 두 공기…알바생도 극구 말린다는 '칼로리 폭탄' 내장파괴 음료의 정체
    / 인사이트, 2023.03.27.
4   "마라·탕후루 다음은 헤이티?"…中 '대세 음료' 한국 온다 / 매거진한경,
    2024.01.23.
5   오미크론시대 창업아이템으로 인기얻는 '건강식당' / 이코노믹리뷰, 2022.03.08.
6   [트렌드줌인] 제로 슈가 열풍에 대체감미료 관심↑…안전성은? / 데일리팝,
    2023.07.20.
7   [트렌드+] 죄책감 덜어줄 '제로슈가 탕후루'…맛은? 건강엔 덜 해롭나? / JTBC,
    2023.11.04.
8   미국 내 최고 인기 맥주는? 하이네켄·버드와이저 아닌 무알코올 '애슬레틱' / 조선
    비즈, 2024.02.04.
9   '로우' 넘어서 '제로'…트렌드 타고 성장하는 무알콜 맥주 / 뉴데일리, 2022.08.26.
10 [민지야놀자]맛있고 안 취하는 무알콜 맥주…"'헬시플레저' 타고 여름 공략" / 뉴스
    웨이, 2023.04.19.
11 소박한 한 끼라고요? 영양소 한가득 '꼭꼭'…MIND 밥, 내 동료가 돼라 / 경향신문,
    2024.01.19.
12 오미크론시대 창업아이템으로 인기얻는 '건강식당' / 이코노믹리뷰, 2022.03.08.
13 네이버 블로그 '김키키'(blog.naver.com/kim-kiki/222543167625).

14　[스타트UP] AI로 혈당 관리 필라이즈…당뇨 전 단계 800만명 조준 / 조선비즈,
2023.12.30.

15　2024 신년 계획·다짐 실천 본격 돌입!…'클래스101', '루티너리', '인아웃'등 목표 달
성 돕는 어플 관심 고조 / 이슈앤비즈, 2024.01.25.

16　GC케어, 개인맞춤 헬스케어 앱 '어떠케어 2.0' 출시 / 에너지경제, 2022.08.04.

17　'채소→고기·생선→밥' 거꾸로 식사법의 놀라운 효과 / 헤럴드경제, 2024.01.18.

18　배민외식업광장(ceo.baemin.com/knowhow/11940).

19　유발 하라리, 《호모 데우스》, 김명주 옮김, 김영사, 2017.

KEYWORD 4. 주인장 브랜딩

1　2023 파인다이닝, 오마카세 등 방문 니즈 관련 조사 / 엠브레인 트렌드모니터
(trendmonitor.co.kr/tmweb/trend/allTrend/detail.do?bldx=2564&code=0301&tre
ndType=CKOREA), 2023.02.24.

2　변두리 MZ사장 성공뒤엔 新노마드족… 멀어도 이색가게 '순례' / 동아일보,
2022.01.25.

3　"다 아는 맛인데 왜 가요"…힙한 매장만 찾는 2030, 프랜차이즈는 '뒷전' / 매일경
제, 2024.01.28.

4　임차료 싼 변두리에 개업한 'MZ사장님'… SNS로 입소문내 '핫플'로 / 동아일보,
2022.01.24.

5　우노 다카시,『장사의 신』(200쇄 기념 블랙에디션), 쌤앤파커스, 2023.

KEYWORD 5. 이슈푸드

1　"성공한 어른이란? '구슬 아이스크림' 마음껏 사먹는 것" [민지의 쇼핑백] / 이코노
미스트, 2023.09.02.

2　"따라 올테면 따라 와봐"…'미투' 과자에도 원조 웃는 이유는 / 국민일보,
2023.10.04.

3　인스타그램 'ulsan_magazine'(instagram.com/p/C1txGrXLPYp/?img_index=1).

4　'아사히 생맥주캔' 거품 비결…'맥주' 아닌 '캔'에 있다[궁즉답] / 이데일리,

2023.08.02.

5   유튜브 채널 '백종원 PAIK JONG WON'(youtube.com/watch?v=laPvcG_
    zlSw&t=259s).

6   공장 없는 편의점이 어떻게?…제조사도 놀란 '초고속 기획' / 한국경제,
    2023.01.19.

7   "먹방 나온 그 음식 주세요"…식품업계, 유튜브 후광 톡톡 / 시장경제, 2019.06.13.

KEYWORD 6. 식사격차

1   "아침밥 패스" 20대…한국 60% 육박, 미국은 30% 안돼 / 뉴시스, 2024.01.16.

2   [데일리팝 리서치] 1인가구가 생각하는 집밥의 기준은?…88.8% "집에서 요리하면
    절약 가능" / 데일리팝, 2023.09.14.

3   [농업이 IT(잇)다] 현관앞마켓 "하이퍼로컬 신선식품 구독 새 장 연다" / 동아일보,
    2023.03.03.

4   "집에서 해먹는 것보다 편해요"…4050 세대가 열광한 '반찬 구독'/ 매일경제,
    2023.07.23.

5   다시 돌아보는 밥…한 그릇 요리 '솥밥'의 유행 / 리얼푸드, 2023.02.15.

6   '우리의 식탁'이 뽑은 올해 집밥 트렌드는? '조리가 쉬운 균형잡힌 비건 식단' / 비
    건뉴스, 2023.01.26.

7   위와 동일

8   라면보다 쏠쏠하네…고성장 소스시장, 3조원 넘는다 / 머니투데이, 2023.01.22.

9   2023 '뷔페식 음식점' 관련 U&A 조사 / 엠브레인 트렌드모니터
    (trendmonitor.co.kr/tmweb/trend/allTrend/detail.do?bldx=2903&code=0301&tr
    endType=CKOREC), 2024.02.07.

10 롯데호텔월드 뷔페 레스토랑 '라세느' 새단장…8월 문 연다 / 이데일리,
    2023.07.31.

11 "머리털 나고 이런 고급짐은 처음" 국내 최초 미디어 아트 레스토랑 / 매일경제,
    2023.06.23.

12 요즘 뜨는 '뷰 맛집'…구름 인파에 스타벅스도 놀랐다 [하수정의 티타임] / 한국경

제, 2023.08.24.

13 달라진 추석 소비, 지마켓 "차례상 대신 홈파티 및 나들이용품 판매 늘어" / 비즈
니스포스트, 2022.08.29.

14 "배달음식 최고가 한끼 48만원!"…먹어봤니? [IT선빵!] / 헤럴드경제, 2020.10.17.

15 외식비 부담, 커진게 맞아? 아니 양극화…"절반 이상 주 1회 외식, 20만 원 쓴다" /
JIBS 뉴스, 2023.04.06.

KEYWORD 7. 식스틸러

1 김난도 외, 《트렌드 코리아 2022》, 미래의창, 2021.

2 요즘 초등생 핫플레이스는 '이곳' [김민주의 MZ 트렌드] / 모바일한경,
2023.05.26.

3 "엄마 카드 대신 내 카드로" 청소년 고객 모시기 경쟁 / 조선일보, 2023.08.08.

4 20대는 모르는 10대들이 사랑하는 인기 인플루언서! / 오픈애즈, 2023.10.16.

5 5060도 온라인 장보기…마켓컬리 50~60대 신규 가입 188%↑ / 연합뉴스,
2021.06.15.

6 간편식 어디서 샀니? 여성은 마트·슈퍼, 남성은 무인판매점 / 국민일보,
2022.09.06.

7 [분석리포트] 밀키트, 5060 신중년의 마음도 빼앗아 / 식품외식경영, 2021.12.09.

8 집밥 선호는 옛말…외식업계 '큰손' 중장년 잡아라 / 브라보 마이 라이프,
2023.08.01.

9 [트렌D] 배달앱 전성시대…중장년층 '큰 손' 등극할까? / 디지털데일리,
2022.03.05.

10 '요즘 애들 핫플' 즐기는 5060 '부머쇼퍼'/ 동아일보, 2022.01.25.

11 내 건강 챙긴다…월 18만원에 집까지 찾아온 '반찬 구독' 서비스 / 중앙일보,
2023.09.05.

12 "MZ세대와 어떻게 다를까" TBWA 시니어랩, 새해 맞아 시니어 건강관리 트렌드
발표 / 매드타임즈, 2024.02.01.

찾아보기

대한민국 외식업 트렌드 Vol.2
나만의 먹킷리스트를 찾아서

초판 1쇄 발행 2024년 4월 3일

지은이 김난도 · 전미영 · 최지혜 · 권정윤 · 한다혜 ·
　　　　이혜원 · 추예린 · 전다현 · 배달의민족
펴낸이 성의현
펴낸곳 (주)미래의창
임프린트 목새

출판 신고 2019년 10월 28일 제2019-000291호
주소 서울시 마포구 잔다리로 62-1 (서교동 376-15)
전화 070-8693-1719 **팩스** 0507-0301-1585
이메일 moksae_book@naver.com
ISBN 979-11-93638-14-9　03320

※ 책값은 뒤표지에 있습니다.